贝页

ENRICH YOUR LIFE

Dans la tête d'un mathématicien

一个数学家的
自画像

Pierre-Louis Lions
[法] 皮埃尔-路易·利翁 著

法临婧 译

文汇出版社

图书在版编目（CIP）数据

一个数学家的自画像/（法）皮埃尔-路易·利翁（Pierre-Louis Lions）著；法临婧译.— 上海：文汇出版社，2023.2
ISBN 978-7-5496-3874-1

Ⅰ.①—… Ⅱ.①皮… ②法… Ⅲ.①皮埃尔-路易·利翁—自传 Ⅳ.①K835.656.11

中国版本图书馆CIP数据核字（2022）第158764号

Originally published in France as:
Dans la tête d'un mathématicien by Pierre-Louis Lions
© Humensciences/ Humensis, 2020
Current Chinese translation rights arranged through Divas International, Paris
巴黎迪法国际版权代理（www.divas-books.com）
本书中文简体专有翻译出版权由Humensciences通过巴黎迪法国际版权代理授予上海阅薇图书有限公司。版权所有，侵权必究。

上海市版权局著作权合同登记号：图字09-2022-0643号

一个数学家的自画像

作　者／（法）皮埃尔-路易·利翁
译　者／法临婧
责任编辑／戴　铮
封面设计／王重屹
版式设计／汤惟惟
出版发行／文汇出版社
　　　　　上海市威海路755号
　　　　　（邮政编码：200041）
印刷装订／上海四维数字图文有限公司
版　次／2023年2月第1版
印　次／2024年8月第2次印刷
开　本／889毫米×1194毫米　1/32
字　数／152千字
印　张／9.875
书　号／ISBN 978-7-5496-3874-1
定　价／62.00元

目 录

没有人懂数学（我也如此） 1

1 平方根——"有棱有角"的童年 1
2 父亲不支持我学数学 21
3 大忙人 35
4 公分母 47
5 迦太基女王 53
6 在反应堆的核心 65

7 通往麦迪逊数学研究中心之路 75

8 粘性解 93

9 图像算法找出了有刺青的凶手 107

10 通向领奖台的三个台阶 129

11 数学圈里的追星族 145

12 "国王们"的规则 159

13 我和数学界的LADY GAGA 169

14 38岁退休？ 191

15 蒙特卡洛法之王 197

16 可持续乐观 211

17 戴高乐广场 227

18 "数据"时代 243

19 零分：我对教育制度的一些思考 257

20 不速之客 273

切线的颂歌 288

结束语 298

感谢词 301

没有人懂数学（我也如此）

"那么，您是做什么的呢？"

"我是个数学家。"

我所有的同事都知道，这种我们在职业生涯中经历过数百次、极其平常的交流所引发的讨论，在其他行业里是看不到的。因为，假如我们向别人透露出自己把整个职业生涯都奉献给了数学事业，人们只会有两种反应——而且只有两种[1]——它们通常是在一阵尴尬的沉默之后表达出来的：

"啊……数学我可是一窍不通。"

---

[1] 事实上，最近出现了第三种反应："那么您知道塞德里克·维拉尼（Cédric Villani）吗？"——作者注（塞德里克·维拉尼，法国数学家，2010年菲尔兹奖得主。——译者注）

或者：

"哦！我喜欢数学！"

第二种反应并不像人们想象的那么罕见。尽管如此，我们最常遇到的反应当然还是第一种，以及那一声叹息。

面对这样的老生常谈，又迫于无法逃避接下来的对话，大多数数学家制定出了三大回避策略：

一、毫不掩饰地转移话题（这能让在场的所有人都大松一口气）；

二、底线拉球——就像网球选手那样："那您呢？您是做什么的？"；

三、面带微笑，避重就轻："我对数学也一窍不通啊。"

绝大多数情况下，事情到此为止。但也并非总是那样。有的时候，谈话对象十分固执，不惜一切代价地深入主题，让人走投无路，寻找各种论据以便得出这样的结论：不，真的，一切探索都只是白费劲，研究数学，那是毫无意义的。

"数学里难道还有什么没被发现的东西吗？"

或者这个版本更为常见：

"说到底，数学究竟有什么用？"

讲到这里，我要给自己打一个小广告。我属于那些对理论问题和实际应用都感兴趣的数学家，可以很轻松地举出几个具体例子来回应对手。在那之后，谈话一般都会恢复到常规模式，不再涉及对数学的观点，这样在场的所有人都能大大地松一口气（这一点值得强调）。

这样的交流不会无缘无故地冒出来。它通常发生在我坐飞机或火车的时候。那时，我沉浸在工作之中，在持续的沉思默想和瞬间的狂热亢奋之间来回切换；我的手里攥着一张纸片，上面写满了各种晦涩的符号、希腊字母、令人费解的图表和含糊不清的只言片语。坐在我旁边的旅客无法抑制困惑的目光，最终，强烈的好奇心会将他攫住……

还有些时候，持怀疑态度的乘客不敢正面攻击我的职业问题。他会选择一种不那么具有侵略性的方法：

"请原谅，您在写些什么呢？"

我那有点虐待狂的小脾气总会促使我让他自己去猜到底是怎么一回事。周围其他乘客有时也会加入讨论，每个人都各抒己见。核物理？粒子物理？力学？天体物理学？信息技术？我想我没有听到过一次正确的答案。

几年前，在一次飞往日本的长途航班上，机长刚一着陆就跑来找我。他礼貌地向我解释道，几个小时以来，整个机组人员都在绞尽脑汁地猜我到底在胡涂乱写些什么。他承认，大家甚至围绕着正确答案打起了赌。我笑了笑，接着聆听了每位"赌徒"的猜想，谁都没能猜中那个神秘的谜语。

所以可以理解：没有人真正懂数学。

我们应该为此担心吗？当然不用。数学家们自己——充其量——也只能理解他们所涉猎的学科的一小部分。

那么，又是什么给了他们动力？这些受虐狂从中到底找到了怎样的乐趣？如何理解一个理论或证明可以和"美丽""漂亮"这些形容词相连？又如何想象数学家被一个问题日夜纠缠，让它在大脑中反复推导了上千次，最终决定休息一会儿，也只是为了之后能更好地回到这个问题上来？而一旦问题迎刃而解，又该如何描述那种闪电破空一般，从深刻的理解中萌生的强烈感情呢？

如何分享当看到自己的数学工作能以具体的方式解决科学问题或者工业问题时的喜悦？如何证明在讲课或演讲的过程中，当学生或同事的眼神和微笑中浮现出

"就是这样，我明白了"时的满足感？如何在所有创造性活动中突出数学这一组成部分的特性？

最重要的是，当这该死的数学在它所涵盖的大部分领域在我看来仍是一个完美的谜时，到底该怎样回答所有这些问题呢？

答案很简单。它呼应了所有失败主义学生在上一堂有分量的数学课时经常对自己说的话：我做不到。

不过，至少我要试一试。

1

平方根——『有棱有角』的童年

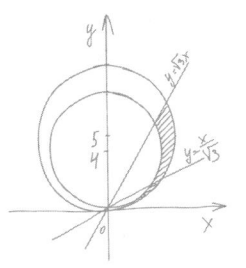

我家里有过一件出了名的趣闻。

那时我大约九岁或十岁。当我和父母在格拉斯地区度假时，父亲经常躲在森林里伐木。有一天早上，他建议我和他一起去，好教教我怎么使用斧头。砍一棵树、把原木锯成柴片，这就是那天的日程。我当时正在上学，刚刚学会了一些基本的几何形状，比如圆形，了解了面积、周长、直径、半径这些概念，但仅此而已。我的数学家父亲打量着他准备一劈为二的原木，停了一会儿，然后对我说：

---

1 本章标题的法文原文为 Racine Carrée，直译为"平方根"，但在这里指作者童年时接受过的棱角分明、一丝不苟的地方教育，作者用该词旨在一语双关。——译者注（如无特殊说明，本书注释均为译者注。）

"说到底，这块木头就是个圆柱体。"他这样总结。

他的话让我恍然大悟。确实是这样："圆柱体"不仅仅是一个抽象概念，有时它也可以是一块单纯的木头。这真有趣！但父亲还没有说完。

"你来说说，它的体积怎么计算？"

我大概思考了一秒钟。

"用面积乘以长度，对吧？"

他微微地笑了。从他的眼神里我觉察出一丝骄傲。

"好样的。"

随后，父亲又问我那块原木（圆柱体）的表面积是多少。同样，我的回答是正确的（这里省略公式）。接下来的问题则明显增加了难度：求滚铁球（即球体）的表面积。根据之前的例子我想了一会儿，之后在完全不确定的情况下猜到了正确答案。最后一个问题是求滚铁球的体积。我一边类比着洋葱的同心层及其周长到圆面积的过渡，一边将两个圆柱体进行比较，最终再一次连蒙带猜地给出了正确回答。简言之，整个过程中，勉强有点推理，有点直觉，但更多是靠运气。我那时尚不知道，这些特点会在我未来的职业生涯中发挥重要作用。

在开场白中引用这个小故事并不是为了把我自己描

绘成一个天才。我过去既不是小天才，55年后更没有成为一个大（老）天才。与此相反，我想要传递的是这样一个信息：数学家其实和普通人一样。在结束这个话题时我想说：一个疯疯癫癫、不合群、几乎得了自闭症的科学家，在离群索居的生活中仅凭蜡烛的一点微光工作，终日面对着一张破图表，上面写满了难以辨识又难以理解的方程式——尽管这种形象可能存在于过去或今天的某些时候，但不管是在我的学科还是一般学科中，它都是罕见的，哪怕是对于最高水平的学者而言。

事实上，上面的小故事可能是我唯一的青春壮举，它仅仅证明了我曾经灵机一动。那是直觉的产物，可能是前导链或其他的什么。而对于那些以为我要讲述自己3岁半就发现了人生第一个定理的读者，请准备好失望吧。不过，这则轶事却揭示了我性格中的另一个特点，直言不讳地说，那就是在我的同辈人中也广泛存在的：好奇心。

强调好奇心，而不是什么高等的、玄妙的智慧，并非是在假谦虚。好奇心首先是一种方法，它能帮助我们看清一门深受陈腐观念困扰的学科。有些数学家喜欢维持那种疯狂天才的刻板印象，其中很难不看到某种难以掩饰的优越感。在他们的描述里,那些重大发现几乎就是神圣恩典的成果,能在瞬间解决一个任何理性方法花费几十年都悬而未决的问题。

对于这样的描述我感到十分困惑,因为这种说法实在是太苍白了。数学由推理和逻辑所主宰,没有什么是从天上来的。在数学的世界里,一切都在推理和逻辑中得到展示和解释。

我那永不满足的好奇心到底从何而来?毫无疑问,这种性格特征是带有一点返祖现象的。我的父亲就是个好奇心旺盛的人。我的祖父也是,以他自己的方式。他喜欢从位于格拉斯高地的住宅顶部,眺望与地中海融为一体的地平线,在晴朗的日子里有时可以分辨出科西嘉岛。一个清晨,父亲也在场,祖父大声问道:"我看到的是科西嘉岛吗?还是说,我只是通过海面上的光反射看到了它的影像?"他很自然地倾向于第二种选择,但却缺乏论据。父亲有点猝不及防,后来发现这个问题是抛给他的,便承认自己不知道答案。"好吧,让我来计算一下。"祖父干脆地说,希望搞明白这件事。他毫不拖延地开始算起来,随后把自己的论证展示给父亲看,计算正确而精准。

我肯定继承了家族中传下来的好奇基因。据我母亲说，它们很早就出现了。她常常告诉我，在我还是个孩子的时候——甚至还是个婴儿的时候——我不是仅仅把目光投向人或物体，而是观察他们，好像在试图理解他们是如何运作的。我说不清这种性格的确切来源。

好奇心重的人大多有一个共性：容易变得焦虑。因此，满足他们的好奇心是一种助其理解所处环境，并在某种程度上予以控制，不给偶然或未知以可乘之机的方式。我的情况也是这样吗？现在不是了。但在我还是个少年，还是个年轻人的时候，曾经相当焦虑，这千真万确。我在大概20岁、上预科的时候，有时会在半夜醒来，接着开始盘点第二天要做的事。在这种情况下重拾睡意无疑是徒劳的，于是我常常辗转反侧，一直折腾到凌晨。这种大半夜里开始罗列待办事项的运动，我做了很久。

焦虑后来随着我儿子的出生消失了，那时我26岁。不过，控制环境的需要却从未真正离开过我。我得承认，自己在工作中是个相当专制的人。我不喜欢在展开的工作里有随意的成分，尽管偶然的发现对我的一些成就确实起到了重要作用。这个问题还是以后再谈吧。但我相信，我们不应该不惜一切代价地为对知识的渴望寻求心理解释。我被灌输的大多数信息都没有什么实际用处。我很好奇，因为我喜欢学习。我对学习的喜爱更胜于对知识本身，仅此而已。

还是再谈谈我的童年好了，它对我那种乐于发现、有点早熟的爱好起到了关键作用。我于1956年8月11日出生在格拉斯，是家里的独生子。我的家族一直在滨海阿尔卑斯省下属的专区生活，我的父母在那里出生，我的祖父奥诺雷·利翁（Honoré Lions）在第二次世界大战后的20年里，一直担任这个城市的第一副市长和无党派市长。祖父年轻时曾学习建筑，后来由于战争和与祖母的邂逅而中断了。随后他加入了他父亲的制锁公司。我对外祖父的情况知之甚少，他是个临时工，在我很小的时候就在一个采石场里意外身亡了。

奥诺雷是个性格坚强的人。他是那些在抵抗运动期间不乏业绩而被推上地方政治舞台的民选官员之一，曾是那个时代格拉斯的名人。他从未对党派逻辑有过兴趣，当看到地方政府的委任开始被暗箱操作和真正的"职业政客"的出现所污染时，便挥手告别了自己的政治生涯。他一直与人保持距离，从不屑于组织任何公众集会以图再次当选。"搞这些把戏有什么用？我的政治履历会说明一切。"他这样认为。他不知道，也不想知道，在政治上，履历并不总是足够的。这种蕴含着坚定，甚至是顽固的简单性情，构成了我成长家庭的氛围特征。

我在祖父母于香水之都建造的一座朴素的房子里，度过了出生后的头几个月。这座房子和我外祖父母在格拉斯腹地——距离格拉斯镇30多公里的安东的住宅，是我度过几乎所有假期的地方。不管是年底、2月，还是复活节的假期，我都能尽情地享受白雪和我们在安东小小的家庭滑雪场。真不幸，我们正在经历的气候变化和全球变暖不再允许这样的滑雪季节了！我喜欢那个小村庄，喜欢那里的静谧、安宁、层峦起伏、手机不通；喜欢在那里摘樱桃、李子、榛子、蘑菇……我结交了一群忠实的小伙伴，我们一起游泳或滑雪，一切全凭天气和心情。我一直和自己的故乡关系密切。直到今天，我依然认为自己是一个来自南方和山区的男孩。

在我出生的那个夏天过去后，父母带我去了南锡。我的父亲雅克-路易·利翁是那里一所大学的教授，我们在那里一直住到我6岁。父亲对我的职业生涯所产生的影响，无论是真实的还是假设的，都是无法忽视的。他是他那个时代最著名的法国数学家之一。在格拉斯完成学业后，父亲上了尼斯大学的预科课程。战争期间，他以自己的父亲为榜样，年仅14岁就投身到抵抗运动当中。我出生的时候，他刚刚在乌尔姆街的巴黎高等师范学院完成了博士论文。他的导师洛朗·施瓦兹（Laurent Schwartz），是1950年第一位获得菲尔茨奖——相当于数学领域的诺贝尔奖——的法国人。南锡大学在当时可谓是数学领域的重镇，由洛朗·施瓦茨、昂利·嘉当（Henri Cartan）、让·迪厄多内（Jean Dieudonné）等人共同主持，这些人都是战后法国数学界的杰出人物。

在家里，我接受的教育与那个时代许多来自外省、家境清贫的孩子十分相似。要遵守的规矩名目繁多，十分严格，且相当陈旧。人们依然会用鞭子惩戒孩子。我父亲曾受过严厉的教育，因此秉承了山里人典型的内敛性格。我知道他其实很爱我，但或许在他看来，显露感情是一种软弱的表现。他只会向我灌输人们赋予他的那些价值观：男人必须坚强，不能害怕，不要寻求帮助，也不许哭……我很快就接受了教训。四五岁的时候，他大半夜里毫不犹豫地把我送往需要穿过整个花园才能到达的地窖，目的是锻炼我不要怕黑。这种"成人礼"确实让我变强了，但却不是父亲的那种内敛持重。我从不怕哭，也不怕释放自己的情绪。原因很简单：我觉得自己足够坚定，所以不怕展露内心的敏感。即使在今天，我有时也会在电影结束时流下几滴眼泪。就算没什么值得夸耀的，我也不会为此感到羞耻。

一个小故事很好地说明了那些儿时在我周围密不透风的传统价值观，以及我对能否成为与之相称的模范代表的忧虑。在南锡时，父母与当地的一个显赫家族交好。我大概5岁的那年，一天晚上，我们去他家吃晚饭。父母在车里对我提出了很多告诫，比如，要表现良好，要有礼貌，不能做蠢事。我表示接受，意识到了利害关系，但也可能有点想多了。于是，刚一到达我们尊贵的主人家，我就走到女主人的身旁吻了她的手。在场的所有客人都惊讶得说不出话来。之后的整个晚上，惊喜交加的女主人不停地在父母面前赞扬我是个多么有教养的好孩子。父母被我的主动性吓得有点呆了，但又为这滔滔不绝的溢美之词感到振奋。

灌输给我的这种严格的——更确切地说是闭塞的——有棱有角的教育原则，与我父母自己接受的地方教育，甚至可以说是农村教育里那些对传统习俗的偏见是并行不悖的。幸运的是，得益于知识水平和专业环境，我的父亲日后有了很大改善。但或许因为改善得还不够快的缘故，在我十几岁的时候，我认为荒谬的那些偏见经常引爆我们之间的激烈讨论，甚至是争吵。说到这里我必须补充一点，我从不缺乏爱：也许父亲止于用温柔的眼神传递他对儿子的感情，但我的母亲却会毫不犹豫、毫无保留地给我以爱抚。

结束了南锡的生活后，我们回到格拉斯短暂逗留了一年，然后在巴黎凡尔赛门附近的第15区定居下来。我父亲是应用数学领域的先驱，作为日后的法国国家信息与自动化研究所（Inria）的创始人之一，很快将成为那里的领军人物。我那时7岁，刚刚进入基础班1（Class élémentaire 1，简称CE 1）[1]。在学前班我只待了两个星期就跳级了。在进入学校以前，出于好奇心，我已经自己学会了读和写，而且玩得很开心。我还用同样的方式玩着积木学会了数数。我喜欢上小学，但缺乏激情。我是成千上万的好学生中的一个，却从来没有被人看成是神

---

[1] 法国学制的小学课程为5年制，基础班1是小学二年级。

童。此外，比起那些我没什么热情的课，我更喜欢交朋友和做游戏。不过，那个年代的朋友都是男孩子，因为男女同校还没有实行。

我其实是个害羞的小男孩。这一点上了中学也没有改善。我用滔滔不绝的谈话来掩饰这种性格特征，所以我既健谈又善于交际，这两个特点使我赢得了同学的好感，并免于被贴上"知识分子"——人们消遣时常捉弄他们——的标签。此外，还有一个特点使我得到了保护：我比其他男孩子高一个头。所以，当一个大块头威胁另一个小个子时，我可以很自然地居中调停。这并不冒什么风险，因为我看上去令人敬畏。即使我的个子不足以带来和平，我也不会参与打架，而是尝试着说几句俏皮话来化解危机。我会全神贯注地寻思一个"锦囊佳句"，它能使好战分子解除武装，最好的情况下甚至能博其一乐。在绝大多数情况下，这种战略是卓有成效的。

我保留了对锦囊佳句的偏爱，它能迅速提供帮助，刹那间就能缓和气氛。即便在今天也是这样。有时我做演讲，开场白中会散发出一丝略显自负的气氛，这种时候，我最喜欢的莫过于在听众毫无准备的情况下放出一个"金句"——或者是我自以为是金句的东西。如此活跃气氛的效果极佳，屡试不爽。记得几年前，在艾克斯举行的一次经济会议上，我参加了圆桌会议，同席的还有来自不同国家的经济学家和政府要员。我演讲的主题是数学金融。乍一看，这没什么好笑的。但演讲结束时，圆桌会议的主持人却做了如下发言："说实话，我不确定自己是否全都理解了。但我至少明白了一点，那就是数学家也可以很幽默。"又是一个已经被打破的老生常谈，但总比没有的好。

博人一粲的兴趣掩盖了我天生的腼腆倾向，但更多的是掩盖了那种从未离开过我的羞怯性格。哪怕到了40岁，如果要给不认识的人打电话，我有时也得提前练习，以便应答尽可能清楚，不至于手足无措。此外，我有很长一段时间会在公开演讲前陷入可怕的恐慌，就在临场前的几分钟里跑到厕所呕吐也很常见。当着两千人的面演说已不能算是寻常情况，对我来说更是如此。幸运的是，在实践的帮助下，不适最终化为乌有了。

后来我进了布封公立高中，它就在我们巴黎的公寓附近。我因为在学前班时跳过级，所以早入学一年。以往，我是"非常好的学生"，现在则成了"出色的学生"，习惯了在年底的排名中名列前茅，慢慢把追逐者们越甩越远了。我在课间的几分钟里就能完成作业，以至于放学回家后便无事可做了。这引起了我父母的极大不满，因为他们失望地看到自己的儿子不是读小说就是听音乐，从不好好记笔记。

我不守纪律的一面也变得明显起来。我曾不止一次地在学监的办公室里度过糟糕的一刻钟，原因各式各样，但大多与我的胆大包天有关。我的受害者之一是有一年的音乐老师。我过去是，现在仍然是个狂热的音乐迷。但老师那陈旧落后的教学方法实在让我恼火。有一次做笔试题，题目为"歌剧这个词是指什么？"，我便答非所问地戏弄了他一番："地铁站，或拉丁语opus的复数形式。"[1]在那个年代，这种行为的肇事者会遭到开除，哪怕只是暂时性的。但我每次都能在一通喋喋不休的训诫之后获得赦免。原因很简单：我在学校的优异成绩让老师们觉得我碰不得。当发现学校系统中有着这样一个漏洞后，我就像那个年龄段的任何孩子一样，沉迷于此，乐此不疲。

后来，我又多次胆大包天地试探过"碰不得"这个

---

[1] Opéra是巴黎市区一个因巴黎歌剧院而得名的地铁站。故有此说。

金贵身份的底线。在路易大帝中学的食堂——我从高三开始成了那里的学生，有一次我玩心大起，发起了一场史诗般的"薯条大战"，丝毫没有担心清洁工的打扫工作。学监什么都没错过，他走到我身边，问我是哪个班的，准备大发雷霆。但当他得知自己面对的是学校精英时，终于还是强忍住了絮叨，转过身溜之大吉了。再说一次，今天60岁的我并不为这样的成就感到自豪，但当年那个17岁的我确实曾为之陶醉。

毫无疑问，自然科学是我的最爱。我学得很轻松，最重要的是，我解题的速度非常快。这里又要提到好奇心。我的好奇心很早就表现出来了：六七岁的时候，有一次我和母亲陪同父亲去意大利的拉韦洛参加一个大会，我一边观察月亮一边问父亲："如果没有月亮会怎么样？"我隐约听说了我们这颗自然卫星对潮汐的影响，对其中产生的谜语，我想知道答案。这绝非出于什么处理数字的天赋或才能，仅仅是一种希望通过心理体验获得更佳理解的简单愿望。我对自然科学的兴趣就在于此：它们就像一个浑然天成的游乐场，非常适合我做这种思维练习。

由于听力好，我对外语学习得心应手。历史和地理也没有给我带来多少困难。我订阅了面向12~17岁青少年的杂志《宇宙大全》(*Tout l'univers*)，如饥似渴地读了每一期，不仅积累了扎实的常识，更再一次满足了我那源源不绝的好奇心。但我不是太擅长作文，虽然也谈不上不好。我不乏思路，但很不善于把它们按照正确的顺序罗列。把过渡词放到恰当的地方得费我好大劲儿，结果是，我的行文中会不规则地出现些"因此""这就是为什么……"。为此，我敞开心扉，咨询了父亲的一个朋友，因为我怕自己的毛病在撰写长文时会变得更加严重。对方曾是巴黎高等师范学院的文学系学生，"别担心，"他这样安慰我，"你读了很多书，记忆力也很好。只要引述那些你读过的作者就行了。"这样的建议在我看来有点粗线条，况且我不喜欢被人看成是个自命不凡的人。话虽如此，我还是试着做了。效果真的棒极了。

在家里，尽管我展现出在自然科学方面的才能，我的父亲却从来没想过要把我训练成一个考试机器。他和母亲一起密切关注我在学校的成绩，但无意测试我的能力到底能有多大发挥。也许他察觉到我会追随他的脚步，就算是那样，他也不打算对命运推波助澜，甚至不想卷入其中。也许，他还感受到我们在数学乃至一般性科学上有着不尽相同的研究方法。我的父亲是个埋头苦干的人,不知疲倦,有一种罕见的逻辑意识。而我呢,我一直认为自己属于直觉型,我更多的是通过观察和推测进行推理,而不是构造或者演绎。

家里是不放音乐的。多亏了我的朋友们,我才知道了披头士(Beatles)、滚石(Stones),后来又知道了桑塔纳(Santana)、深紫(Deep Purple)、大门(Doors)这些乐队。从那以后,音乐就再也没有离开过我。我是个狂热的乐迷,这个词用得并不算太重。从摇滚到前卫摇滚,再到爵士摇滚,我的兴趣一点点转向爵士乐和古典音乐。当然,我从未放弃过摇滚——甚至是重金属,会听 Russian Circles、Tool、OSI,德国战车(Rammstein)这些乐队。我最初被父母允许去看演唱会是在十三四岁的时候,即使到了今天,我的每一天也是伴着劲歌热舞开始的。

我的学业不值得担心,所以回到家后的晚上一般都用来放松和交流。晚饭后,如果我不看书,一家人就聚集在我父母房间里的电视机旁。我们看连续剧——我当时很爱看《复仇者》(*Chapeau melon et bottes de cuir*)——三个人都躺在父母的床上。但大多数时候，我更醉心于读小说。我喜欢听故事。在12岁以前，我已经读过儒勒·凡尔纳的全部小说，《绿色图书馆》(*Bibliothèque Verte*)[1]的大部分书籍，还有杰克·伦敦……此外，我还读了古典文学名著。我总是随身带着一本书，我完成作业的速度让我有时间阅读，一天几乎可以读一本！我在十三四岁的时候也读了不少英文书，都是些简单的侦探小说。在父亲的敦促下，我从六年级[2]开始学英语。他本人是成年后才开始学的，为了弥补法国教育体系在这方面的不足，吃了不少苦头。这是父母对我的学校生涯为数不多的几次干预之一。

上了高中以后，我的文学品味变得更加不拘一格：我发现了科幻文学，读过阿西莫夫、菲利普·K.迪克，当然还有托尔金的书；我也读侦探小说，比如柯南·道尔、雷蒙德·钱德勒、以及达希尔·哈米特的小说；更不用说俄罗斯文学、漫画、南美和日本文学了……简言之，只要是能拿到手的书，我都会读个痛快！阅读对我

---

1 《绿色图书馆》是阿歇特（HACHETTE）出版集团于1923年为儿童推出的法语图书收藏大全，其中每一本书都采用了绿色封面。
2 法国教育制度下，初中是中等教育的第一阶段，学制4年。按法国颠倒称呼的习惯，这4年分别称作六、五、四、三年级。

有好处,因为它帮我脱离现实,强化想象力。这种想象力是否与数学所需要的抽象能力有关呢?有可能。但可以肯定的是,尽管我喜欢数学和科学,但更容易被音乐和文学所打动。在令我兴奋激动的东西里,占上风的总是卡佛或博尔赫斯的小说。除了作品本身承载的情感外,它们与数学的另一个区别可能也起着重要作用:作家或音乐家向我们展示的是一部已经完成的作品。但对于数学家,情况就不同了。我们的故事永远在构建中,那些故事永远不会终结……

2
父亲不支持我学数学

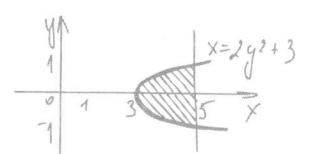

从初中到高考，我投身于自然科学事业的志向从未动摇过。

解题对我的许多同学来说是件苦差事，于我而言却如同一场游戏，一种我可以欣然接受的精神挑战。

六年级的时候，有一次，我在做一个多少有点难度的数学测试时，自娱自乐地给出了两种可以得出同一结论的证明。这并没有什么错，但我们那位循规蹈矩的老师却不喜欢。他认为我过于自负，扣了我一分，并在空白处附上了这样一句批语："在数学里，好的证明只有一个！"

我坚信他是错的，而自己则是不公正的受害者，于是便把事情告诉了父亲。他很生气，认为我说得有理，并亲自证明了我的两个论证的有效性。说来，那应该是我整个学生时代里，父亲唯一一次直接介入我的数学教学。他能教给我的东西其实很多，却往往对我的书本敬而远之，估计是出于对学校的尊重。我也一直小心翼翼地不去要求他，除了这次以外。

三年级的时候出了一件意料之外的事。也许正是在那个时候，我曾经的游戏思想开始变成对未来职业的模糊概念。那一年，我的数学老师是一位上了年纪的女士，因为得了重病，总是十分疲倦。上了几周的课后，她发现我已经远远超前于教学进度，就建议我替她讲课——当然，她本人不会离开教室。"利翁同学，能请你到黑板前来讲吗？"我没怎么担心就照做了。我的社交能力和幽默感一直得到其他学生的赞扬，这使我不会被当成一个阿谀奉承的人。我快速地熟悉了一下当天的课程，然后走到黑板前，用我的语言解释我所理解的东西。老师边听，边点头，并在需要的时候予以纠正。那是我第一次体验传播知识的乐趣。我喜欢那样，而同学们的成绩也证实了我表现得还不错。最重要的是，它让我触及了一个基本真理：只有在向别人解释的时候，你才能真正理解某个东西。后来，学年即将结束，老师却开始担心她对我的数学培养到底有没有实际贡献。

"利翁，我教会了你什么东西吗？"

"当然了，夫人。我在上之前完全不了解这门课呀！"

这次经历令我印象深刻。它同时坚定了一个我从未放弃的信念：除了极少数人以外，只要花些时间，每个人都能理解数学。没有数学天赋的人也不会因为某个数学天才而被排斥在这一领域之外。我们当然可以接受别人跑得更快的事实，即使如此，我们自身依然可以通过慢跑或训练来加快自己的速度。数学也和其他学科一样。掌握数学是一项艰巨的任务，但习惯数学，为它投入些时间和精力是每个人都可以做到的。

无可否认，有些人的确更有天分。我的情况就是如此。但拥有天赋，无论是什么样的，都与智力无关。智力是多种属性综合构成的产物，其中包括适应力、理解力、觉察力、共情力，以及其他能力。我相信智力是一种在人类中普遍存在的品质，最重要的是，它与教育并无关联。每次我回安东都会与村里的老人们交流，他们接受的学校教育往往很短，但人们的智慧无处不在。

就像任何涉及身体或精神的学科一样，我的数学能力既是天生的，也是后天习得的。这两者之间的确切比例如何？我真的一无所知。与生俱来的部分是无可争辩的，我对此没有任何功劳；至于后天习得的部分，应该说，我有幸在一个教育、逻辑和文化无处不在的优异家庭长大，此外还得益于人生中一些偶然的机遇。三年级时那位生病的数学老师是将我塑造成数学家的几个人之一，多亏了她，我才意识到自己的能力，并对此充满了信心。

那是我第一次真正意识到，自己确实比其他同学跑得快。

在这个前所未有的三年级年末，我的父母被邀请去参加班会。我猜他们应该不是太担心。老师们为我的好成绩纷纷献上溢美之词，物理老师从中脱颖而出，甚至比他的同事们更加热情。他表示，凭我的成绩完全可以上著名的巴黎综合理工学院。我想直到那一刻，父亲才意识到我在班里竟如此出类拔萃。回家后，他和我谈到了物理老师对我的信心。我又在他眼中看到了那一丝骄傲，比任何言语都更有分量。但我不认为这是父亲想象着我将追随他的脚步而产生的乐趣，那只是每一位父母在他们的孩子被人赞美时所感受到的单纯的幸福。

事实上，父亲并不希望我走他的路。这其中是有原因的。在家里，一流的数学家是我们的主要客人。说实话，我并不觉得他们个个都有才华，也不是特别有魅力。在我看来，他们当中的有些人看上去有点怪，甚至不正常，如果"正常"确实存在的话。这些人中，年轻的我最敬佩的人之一就是洛朗·施瓦兹。他不仅是那一辈人里最杰出的数学家之一，还是个幽默风趣的人，和父亲闲谈时常提到千万不要自视过高。他有一个儿子，马克·安德烈，比我大15岁左右，曾经是个十分优秀的学生，后来全身心地投入到数学事业里。遗憾的是，尽管尽了最大努力，他最终还是难以达到他父亲的水平。这对他的影响很大。1971年，他自杀了。这一悲惨的结局无疑有单纯的数学研究之外的原因，但我相信，父亲还是将其归咎于马克无法忍受与自己出色的父亲进行比较而产生的绝望。这个可怕的故事不仅伤了父亲的心，而且给他留下了深刻的印象。他没有掩饰：他宁愿我远离数学。因为他担心我会遭受同样的挫折，那可能会导致同样可怕的后果。

大概正是出于同样的原因，父亲从不把我优异的成绩当成衡量自己年轻儿子前途的唯一标准，与此相反，他常常强调兴趣均衡的理念。在我上高中的时候，他很高兴我对音乐或文学感兴趣，并鼓励我参加体育活动。在经历了一段时间高水平的游泳训练后，我的体形自然而然地把我引入了橄榄球的世界。我对这一运动产生了极大的热情，直到开始工作前都坚持参加密集的训练。这种不把人生限制在单一兴趣点上的原则，父亲自己也在身体力行。他一直热衷于美食，或者更确切地说，是热衷于"食物"。

那还是我已经成人但年纪尚轻的时候。我刚刚开始职业旅行，有一次去日本，需要在阿拉斯加中转。记得父亲专门给我打来电话，以确保我转机时不会错过当地的熊汤！日后我开始在世界各地讲学，但他对我演讲的主题都没什么兴趣。他关心的问题只有一个——"你吃得好吗？"。一切还是出于那句话，无论何时都不要把自己太当回事，要立足于现实，懂得享受生活中最简单的乐趣。我母亲的看法没有什么不同，但她总是缩在后面。他们的关系有点老套，就像那个时代的人经常做的那样：作为家庭主妇，她为家里的男子汉和独生子的教育奉献一生。我相信执行好这两项使命足以让她感到幸福，至少她自己是这么认为的。

进入毕业班后，我对从事自然科学事业的愿望不再有任何怀疑。接下来的问题是应该优先考虑哪个学科，更重要的是，我到底要做什么？物理、数学、化学，我样样都很好。而所有理工科学生都有两种选择：要么成为教师-研究员，要么去当工程师。高考临近，但我一直没有下定决心。我的内心略微倾向于第二种选择，因为理论的、抽象的研究对我并没有吸引力。我的兴趣是看到自己提出一个具体问题，并试着解决它。我们只要稍微多花点时间就会发现，自然科学，尤其是数学，无处不在，它就存在于我们周围的自然界中，存在于人类的种种创造里。当父亲向我展示他准备劈开的那块原木时，我的眼里并非看到了一块木头，而是一个圆柱形的数学物体，我的大脑让我去解剖它，测量它。

尽管我犹豫不决，但有一件事是肯定的：无论发生什么，我都要念自然科学的预科班。我认为，两年的预科学习会让我有时间下定决心，同时保持两种可能的选择：要么报考高等师范学院或公立大学，要么上高等工程师学院。毫无悬念，我轻松地拿下了高考，成绩优异，就像路易大帝中学尖子班的很多同学一样。我的同学里有一位是蒂埃里·布雷顿（Thierry Breton）。老实说，他当年在班里并没有名列前茅。但这并没有影响他日后进入高等学府,并在25年后成为法国电信集团总裁、经济部长,最近甚至出任欧盟委员!

预科课程实在无聊透顶。那简直就是一种抽象的统治,在这一统治中,所有的个人思想都被抛在一边,取而代之的是纯粹的学校式、机器人式的学习,学生只能将定理和公式成段地死记硬背!说白了,那就是对大脑进行包装和切除,除此以外,一点也不多,一点也不少。而我想面对的是现实科学,它们能激发我的想象力,解决具体问题,照亮我周围的世界。显然,我的愿望无法马上实现。有机化学是所有课程里最无聊的,即使如此,这种烦恼并没有阻止我再次超前于进度,从而有时间打发无聊。

预科课程对许多亲身体验过的学生而言,如同一个痛苦却必要的修罗场,但记忆中,它对于我更像是一场巨大的消遣。我逃了很多课,沾了成绩好的光,得以免受责罚。是的,和过去一样:我未来的"考试机器"身份使我免于任何指责。

我撺掇了一个同班同学一起胡作非为。他就是我的朋友让-克里斯托夫·约科兹(Jean-Christophe Yoccoz),我们在高中的最后一年里一起上学。在毕业班,遇到讲尼采和黑格尔的课时，我们就到院子里打篮球、玩电动弹子，或者去咖啡馆（通常是离学校几步远，位于索邦大学广场上的"文具盒"咖啡馆）打扑克。我们很快决定将逃学扩大到工业设计课程。那门课是预科班一个古旧的传统，现在已经消失，其目的是引导我们进入工程师专业，但我们对它完全提不起兴趣。我们也逃了许多数学和物理课，因为我们知道，事后补补课也并不困难。我们的老师依然没有反对意见。我想可以说，两年的预科，尤其是高等数学，我只念了一半。

开高等数学课的最后一次班会时，我的父母和让-克里斯托夫的父母被老师约到了学校。但这不是为了就我们下午的逃课行为向他们告状，恰恰相反，校方建议我们立即参加巴黎高师的考试，从而跳过预科第二年的部分课程。校方认为我们两个人都有这个能力。但我的父母，就像让-克里斯托夫的父母一样，反对这个想法。他们认为，即使我们的神经元功能充分，我们依然不够成熟。我和我的朋友都同意这个看法：即使我们善于应付考试，把自己想象成法国最负盛名的学府的学生也并不容易。

尽管如此，这一提议使我在两年的预科结束时必须尽快做出选择。显然，我的成绩让我可以觊觎国内的最高学府：巴黎高师——如果我决定从事教学和研究；巴黎高工——如果我最终选择工程师职业。进入专业数学预科班的时候，我仍然在犹豫不决。原因是我真的不知道自己到底想从事什么具体工作。此外，我对各种自然科学的兴趣日益增加。在上了专业数学班后，化学不再进入我的职业视野；但我对物理和数学的兴趣丝毫不减，这让我父亲十分慌乱。

一场新的相遇将帮我在二者之间做出抉择：我在专业数学班的物理老师是一个热心的数学爱好者。他经常强调一个我有所耳闻但却没有掌握其深度的概念：物理学，就像其他所谓"硬科学"一样，只能用数学语言进行表达。数学构成了它的基本工具、它的骨骼、它的框架，从而确保整个建筑物屹立不倒。没有数学，我们既不能证明推理的正确，也无法验证实验的有效。我突然意识到，物理学家虽不像数学家那样使用这一学科，但它却构成了一种通用语言。数学在各门科学之间搭起桥梁，为它们提供共同的符号。它只有在为他人服务时才有用，才有真正的意义——我被这一想法深深吸引了。最重要的是，我喜欢这一学科展示给我的各种可能性：

我未来的工作或研究主题几乎是无止境的!

预科第二年还解决了那个终极难题:我到底是应该搞研究还是做工程师?我对具体问题的兴趣本应将我导向第二种选择,从而报考巴黎高工。但出于某种非常个人化的考量,我最终没有这么做。我是个相当政治化的学生,在20世纪60年代末和70年代初明显倾向于左派思想。在我的整个信念中,对军事机构的"不信任"——更不用说"憎恶"——占据着首要位置。想象着自己在高工的毕业典礼上身着军装、腰挎武器列队行进,简直让我作呕!事后看来,从逻辑上讲,我对使用应用数学解决具体问题的兴趣,的确更适合高工。但在当年的我看来,高工的军校性质本身就足以使它丧失资格。

考取高师,研究数学。我就这样做出了选择。现在必须把这个消息告诉父亲。为了让他放心,我在最后一刻决定同时参加高师和高工的考试,但只打算进入高师。高工的考试在高师的考试之前举行,我只把它当成一场不错的热身。

父亲听着我陈述自己的计划,看上去忧心忡忡。我能感到他开始变得焦躁,但他知道,教训我可能会激起我的叛逆和充好汉的一面，最终和他大闹一场。

"那万一你没考上高师，反而考上了高工怎么办？"他这样问我。

"那我也不去。那样的话，我宁可上公立大学。"

我的回答似乎并没有让他满意。恰恰相反，我亲手合上了通往国内最负盛名的工程师学院的大门，这显然等于已经选择了科研这一职业。它将使我更接近父亲的职业模式，而这无疑唤醒了他关于导师洛朗·施瓦兹的悲剧经历的痛苦回忆。

为了使自己摆脱对这一可怕前景的想象，父亲做了最后的一点努力：

"你得让我放心，"他喘着气说，眼神充满忧虑，"你是不会去搞数学的，对吗？"

3
大忙人

一般来讲，数学——尤其是数学研究，经常会被人们看成是一个由抽象统治的世界。事实并非如此。无可否认，有些领域的确相当理论化，它们在基础数学的旗帜下聚集在一起，有时被称为"纯数学"。但数学绝非只是一个工具箱——一种用于破译和理解我们周围世界的语言。事实上，数学本身就提供了各种研究主题，比如，它在哪些方面能够适用或不能成立？它是否还有改善的空间？这个工具箱里是否需要添加些新的东西？

这些问题绝不是没有意义的，只不过它们从来没有吸引过我。我一向对具体问题青眼有加，它们能够带来具体的思考，从而产生具体的答案（尽管数学家口中的"具体"一词有时可能与其通常含义相去甚远）。数学的形而上学从来都不是我的兴趣所在，尽管我的很多同事花了大量时间去研究它的起源、诠释乃至更深层的含义。

数学家之间有着一个由来已久却从未得到解决的辩论，说明了上述两种方法之间的区别。这个问题可以总结如下：数学是一个独立于人类，但却逐渐向人们揭示自己的固有存在吗？还是说，它是一项帮助我们用自己的能力去揭秘周围世界的人类发明？我个人会毫不犹豫地选择后者。因为有一点我在内心深处十分怀疑：第一个假设的拥护者也可以断言——数学是上帝的语言。我承认自己并非信徒，但就算撇开任何宗教方面的考虑，这一理论也绝不可能说服我。无论过去还是现在，我都是一个务实的、脚踏实地的科学家。对我来说，数学没有什么神秘之处：它是一个奇妙的工具，有助于我们理解我们所感知的环境；人类的大脑可以触及它，因为它恰恰是由人的大脑创造的。诚然，这不是多么有诱惑力的观点，但除了与我的想法相得益彰以外，它还有一个优点，那就是它揭开了一个学科的神秘面纱，而这一学科至今仍然经常被人们与一种超群的、与基本现实脱节的形式联系在一起。这与事实截然相反。

这种务实的学科方法有一个名字：应用数学。很难想象还有什么比这一个叫法更透明的了。它涉及所有数学可以提供的有价值、有助益的科学领域：物理、工程、生物、经济、金融、网络、数据……可以实践的领域相当广阔，而我将很乐意在自己的职业生涯中探索不止一个主题。不过，首先让我感兴趣的是计算机领域的应用数学。就像在我职业生涯中的许多经历一样，这种吸引力的产生纯属偶然。

在毕业班的时候，我那众所周知的好奇心主要表现在对时事的浓厚兴趣上。我阅读了大量的报纸，最初读的是《世界报》（*Le Monde*）。有一天，我在浏览时发现了一张由IBM付费的广告插页。那时，这家美国巨头是计算机及其新的大众化分支——微机科学领域的先驱。那一年是1973年，这家跨国公司正准备推出第一台个人电脑，该产品最终于两年后上市，在那以后，IBM才和微软公司联合设计了著名的PC机（personal computer），并于1980年问世。

插页上并非只有广告。它还向读者发起了一个小小的挑战：完成一串数学序列。序列是计算机科学的核心。计算机指令说到底就是需要执行的各种行动序列。

我的高中数学课曾有所涉及，但测试题的水平却要高出许多……那要怎么办呢？我这个人就喜欢游戏。"如果您找到了此题的正确答案，请将结果发送到以下地址，同时告诉我们您解题所花费的时间。"接下来我要做的就只有放手一搏了。我略作思考，手里依然拿着报纸，大约30秒就解开了那个谜。通常情况下，由于害羞，顺利解题后我便不会再做什么了，但我性格中的其他特点——尤其是好奇心，却使我多跨出了一步：我给指定的地址写了信，给出了自己的解决方案和解题时间。

几星期后，我收到了这家美国巨头寄来的一个包裹。里面有一些计算机方面的科普书，以及一封关于我大学毕业后可以提前参加应聘的建议信。我没有回信，因为觉得职业规划对自己来说仍很遥远。不过，我饶有兴趣地阅读了他们寄来的书，然后意识到了一点：计算机科学是一个极其宏大却尚未得到充分探索的研究领域，那里肯定有一些东西可以满足我解决具体问题的兴趣。

这件事后，我进入了高师，对计算机的兴趣丝毫不减。那个年代，将计算机以网络形式远程连接的概念方兴未艾；就在1969年，互联网的前身"阿帕网"成功问世，它允许分别位于加州大学洛杉矶分校和斯坦福大学的两台电脑互相交换信息。有什么事正在发生——直觉这样告诉我，它有可能在未来的几年变得颇具规模。

当时，网络计算机的建模依赖于一个被称为"队列理论"的数学领域。这一理论适用于所有可能出现队列的情况，是概率学的一个子整环。它允许对队列的大小进行评估，并以最有效的方式制定解决方案，从而达到防止队列成形或对其进行疏导的效果。我们可以使用该理论来优化机场周围的空中流量，使城市交通更加畅通，甚至可以用它来避免行政窗口或超市前可能排起的长队！将这一理论应用于计算机网络，有助于实现对数据流的管理，而这些数据流在两台远程计算机之间是以数据包的形式进行传输的。那么，在这些数据包中，应该给予哪一个什么样的优先地位？又该依据什么样的标准？如何避免数据拥堵？一段时间里，我那喜欢游戏的大脑被各种问题占得满满当当。

高师的第一年通常要求学生先通过基础数学考试，之后过渡到非常理论化的内容。那个年代，这些是在巴黎七大完成的。公立大学的学生通常要花两年时间通过这门考试，作为高师的学生，我们得在一年内完成。老师刚开始陈述课程内容，我就感到一阵无聊扑面而来。我已经迫不及待地想让两手沾满机油，现在居然还要花费一年时间去死记硬背各种定理！决不能这样。作为回应，我做了自己一直以来最擅长的事：挑战自己。我的想法是这样的：在一个学年里通过两门考试，一门是数学，就像课程要求的那样；另一门是巴黎六大的计算机考试。为此，我得说服巴黎六大的数学教学主管接受我的注册申请。

主管一边听我陈述自己的计划，一边露出一脸的不满：

"一年就要通过两门考试？一个大学生总共不就需要考四门吗？对不起，就算你是高师的学生，这也不可能！"她宣布。

"我知道这不容易。但如果做不到，我自己会承担后果的。请让我试试。"

最终，尽管教学主管一脸怀疑地连连噘嘴，我还是赢得了辩论。

回想起来，我不得不承认，确实并非每一天都是充满快乐的。两门课程的时间表相撞，我错过了很多课，于是只得强迫自己收集讲义自学。我尽量把计算机那门课作为首选,这门课涉及的编程、信号理论、算法都是我不太了解或掌握得不好的,但我还是设法在没有太大损失的情况下学完了。到了考试时,时间表再次撞车,于是我不得不在某些考试中迟到。说到这里,眼前不禁又浮现出自己当年的样子:我绞尽脑汁,努力在最短时间里完成上午的第一场考试,交卷后便一溜烟跑没了影儿,我汗流浃背、气喘吁吁,只为能准时赶上当天的第二场考试。

大家都说我聪明。我真的比一般人更聪明吗?不是那样的。但我的确有一种与生俱来、使我受益匪浅的能力,那就是我做事很快,十分地快。在解决数学问题时,这绝对是我的杀手锏。我不是一个有条不紊的数学家,那些人擅长清楚地展开陈述、进行演绎,形成整体推理,并最终得出一个支持整个上层建筑的结果。从更高的逻辑层面来讲,我的同学让-克里斯托夫·约科兹更符合这种类型。但我不是那样工作的。对我而言,大多数时候,一切都从终点线开始。当问题摆在我面前时,我通常只需花费一点点时间去思考,从而确认自己是否有朝一日能够解决它,同时开始制定一个或几个进攻策略。这种信念以一种自然、直观的方式出现在我的脑海中，宛如一个显而易见的事实。在那之后，我必须耐心地进行论证，从而得出预期的解决方案。整个阶段可能很漫长，或许会耗费几个小时，也可能长达数年。但即使经年累月，我最初的、几乎是瞬间的信念仍然坚定不移。这种快速进行可行性评估的能力显然是我与生俱来的东西，而在同一个半天内进行两项考试的速度也被证实是卓有成效的。

我顺利拿下了两门考试，之后开始考虑如何度过我在高师的第二年。那个年代——也许今天已经不全是那样了，高师首先是一个大学教授、预科班和高等学校教师的生产工厂。在第二年的学习中，课程就规定需要通过教师资格考试。同样，除了这些以外，我还有个人计划：我想做些研究。事实上，我并不知道这个词到底涵盖了些什么。但我可以清楚地看到，在计算机这门新兴学科中，有很多具体而有趣的问题尚待解决。此外，我坚信计算机网络建模将是一个令人兴奋的研究主题，它极具前景，而且可以结合我的两个兴趣——数学和信息。那么，我的愿望就只有一个：尽快接触它！

我要求与高师的教学主管见面。去年他已经见过我，当时我曾请求他允许我同时参加两门考试，他没怎么刁难就接受了。看到我任务达成,他意识到,这个学生又要提出新的变态请求了。真是固执!我向他解释说,我想跳过教师资格考试。我打算继续学习,念一个概率学的硕士文凭,然后直接进入博士论文阶段,从而踏入研究领域。

在高师,这样的提议是有先例的,虽然在那个年代相当罕见,但数量也足够多。那些敢于冒险的学生由此得到了这样的绰号:"拒考生"。我把促使我做出这个决定的动机告诉了主任,尽管我并不完全了解自己最终想要涉猎的研究领域。他听了我的话,没有提出反对意见。

除了硕士课程外,我还上了计算机语言课。课程内容对我来说没有任何困难,反而让我有时间和朋友让-克里斯托夫一起打橄榄球,并满足了我对音乐和书籍那如饥似渴的爱好。此外,我还借机提升了自己的科学文化水平,如饥似渴地阅读了各种经典数学著作,这不光是出于学习的乐趣——为什么不呢——也是为我未来的研究工作寻找一些灵感。

在这些参考书中,我在年中开始阅读《数学物理方法》。那是一本由著名数学家理查德·柯朗(Richard Courant)和大卫·希尔伯特(David Hilbert)于1924年出版的两卷本大部头。直到今天，这部作品仍然是数学分析领域——一个我几乎一无所知的学科领域——的重要参考。它还为后来被人们称为数字分析的研究奠定了基础，这种分析广泛应用于计算机科学，因此我对阅读它感到兴趣盎然。

那时我尚不知道，一个转机正等待着我，它就隐匿在这些书页之中。

4 公分母[1]

与职业数学家有关的众多奇谈之一是,我们都是"计算狂人"。人们相信,一个菲尔茨奖的得主应该能够在弹指间搞定三位数的乘法。大概我又要让一些读者失望了,但没有什么比这更不真实的了!如果有人突然问我121乘以318等于多少,不给我一张纸(或者手机)的话,我完全无从作答。说老实话,稍微做些练习也许会让我在这方面有所进步,但我对此实在提不起兴趣。对于那些向我提出此类挑战的人,我一般喜欢用一个笑话来回敬:"我不会数数,因为,我是个数学家!"诚

---

1 本章标题公分母(dénominateur commun)一词在法语中的引申义为共同点、共同的根源,此处指作者与其父亲的职业生涯逐渐融合在一起,文中有详细叙述。

然，有些数学家有能力完成这种壮举，无论是否出于天赋。而我呢？我绝不比普通人更擅长计算，甚至对数学的许多领域都只能望洋兴叹。所谓代数即是如此。我不是个代数学家，我是而且只是一个分析学家。

我的专长是数学分析。这个有点笼统的名字背后隐藏着我们学科一个相当庞大的分支，对它可以作如下总结：如果代数学家对等式感兴趣，那么分析学家则对不等式感兴趣。他们研究彼此之间不尽相同的各种信息、问题、情况，试图在它们之间建立联系与桥梁，以获得各自的特性。如果说代数的世界是稳定的，那么分析的世界则是动态的。它处于永恒的运动中，看起来杂乱无序。然而，这种表面上的混乱掩盖着一些规则，一旦被发现，就能实现对它的理解、衡量甚至复制。而发现这些规则正是分析学家的使命。

这种对数学分析的热爱是我在阅读柯朗和希尔伯特那厚厚的数学巨著时产生的。在书中，两位作者就解开某些方程的一种通用方法展开了推理，我却突然发现自己开始想象一个完全不同却同样正确的推导方法。它犹如一道闪电出现在我的眼前，而在阅读相关论证时，我甚至没有意识到大脑汲取了概率学的知识，从而与提出的问题产生了意想不到的联系。它揭示了一种新方法——一种创新的视角,向我展示了一些未经发掘的技术前景。我又进一步思考了这个问题,之后提出了第三个截然不同但在我看来同样有效的论证。那一刻,我的神经元沸腾了!我实在无法继续平静地阅读,于是抄起一支笔、一张纸,在那一瞬的兴奋中奋笔疾书,几乎一口气涂黑了80页。

到了这个阶段,我必须找一个第三方,向其展示一下我的个人作品。我有预感,自己打开了一个魔盒,但没有别人帮忙看一眼的话,我无法确定自己搭起的建筑是否真的有效,更无法确定它潜在的能力范围。当然,对于一个数学家的儿子来说,他的本能反应应该是去求助父亲。不过这完全不在我的考虑范围。原因在于,雅克-路易·利翁是一位数学分析大师。数学分析正是他的专长。他甚至被认为是法国应用数学学派的创始人,其强项就是将数学分析应用于具体问题。我完全可以预料他看到我那些草稿时的反应:这个笨蛋不只是要学数学,还要进入到我的学科里。千万别!这对他来说太危险了!

热衷于心理学的读者可能会说,在我和父亲的职业生涯日渐重叠的过程中，所有这些偶然事件构成了太多的巧合，这实在让人困惑。但我仍然相信，我们职业上的接近没有任何"预谋"的成分，如果我没有在人生中那个特定的时刻去阅读，我作为数学家的命运可能会截然不同。尽管如此，我承认可能确实有一个小偏差，它多半是无意识的：父亲来回念叨着不希望我搞数学——这是不是反而激起了我的反抗精神，从而导致了与他的预期截然相反的结果？我不排除这个假设，但我仍然相信它对我的职业选择影响很小。

不考虑父亲的话，我感到除了求助于老师别无他法。但我应该去找谁呢？搞数学分析的老师？他们对概率学毫无概念。教概率学的老师？他们对分析一窍不通。于是，我只得在两方面都碰碰运气，但没抱太大希望。事实证明我是对的。每个人都挠着头，接着宣布没有能力判断我的论证。我甚至敲开了一位善于计算、教计算机课的老师家的大门。我的直觉是，自己的发现对当时刚刚兴起的并行计算领域（它在今天已是人们普遍使用的技术）会很有用，但我并不确切地知道为什么，也不知道该怎么做。

最后，我的一位必修课老师哈依姆·布雷齐斯

（Haïm Brézis）主动提出愿意接受我念博士，并成了我的博士论文导师。他看上去对我的推导和解释并没有特别的兴趣，却与父亲相熟，他的提议或许是出于对父亲的好感，或许是出于对我这个还没念完硕士就涂黑了80页纸去搞数学分析的学生感到惊奇，也或许兼而有之。显然，我最初的兴趣点，即将概率学应用于计算机领域，正随着这一偶然事件逐渐消散，取而代之的是与父亲的学术领域非常相似的研究课题。

一年后，我完成了博士论文答辩（当时被称为"第三周期"）。又过了20个月，23岁的我通过了国家博士论文（thèse d'État）[1]答辩。最后这一场代表我完成了高等教育的重要口试，是在巴黎六大的应用数学实验室举行的，之后，我留在那里就职。我进行论文答辩的这个实验室几年后将以其创始人——一个叫雅克-路易·利翁的人——的名字来命名。

---

[1] 法国早期的教育系统中，学生在取得硕士学位后先要完成"第三周期论文"（Thèse 3e cycle），之后方可撰写国家博士论文并进行答辩。只有通过国家博士论文答辩的博士生才有资格指导研究。

5

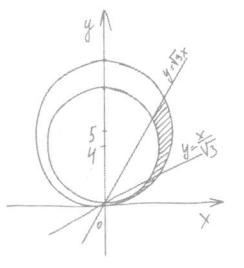

迦太基女王

如果说在我的职业生涯中有什么恒定的东西,那就是我只做我想做的。这一点直到今天也是如此。我最终选择的博士论文题目与导师的建议一点儿关系也没有。人是不会彻底改变的。如果有人强迫我接受一个自己不感兴趣的课题,那么他在我这里将一无所获,或者收获很少。我内心深处的拖延症将会觉醒:我在一次奥数考试,更有甚者,在一次高师的入学考试中睡着了。但如果给我一个能激发起我好奇心的问题,我将不眠不休,直到把它解决。我是一个热情的人,有着地中海人那种对午睡的热爱,但也能很快振奋起来。就像所有热情的人一样,我会很快对自己感兴趣的东西着迷。

我起草的博士论文题目是:《非线性偏微分方程的

几种类型及其数字解决方法》。我承认，它读起来不像小说那样引人入胜，确实也有些题目看上去更加幽默风趣一些。因为，尽管我提倡一种不复杂、去神秘化的数学方法，但我上过的预科班、高帅、著名科研机构的主旨都不是培养喜剧人才。不过请别害怕，也不要马上把这本书合上。事实上，这个令人费解的标题背后隐藏着一些极其平常的经验，它充斥着我们的日常生活。

这个题目属于我在科研生涯中主要研究的几个数学领域之一：偏微分方程。它是数学分析的一个子类别。正如我在前文中解释的那样，数学分析涉及物理、化学或工程等领域的具体问题，它通过提取其中隐藏的数学元素来尝试解决它们。因为事实就是如此：在我们的周围，数学无处不在，它就存在于我们身边的大自然、我们呼吸的空气、我们的汽车、阿丽亚娜火箭中，以及行星的运行里……无论我们将目光投向何处，我们的双眼凝视的都是"数学"，或者更确切地讲，是用数学语言来诠释的物体或现象。而这种诠释的工作，正是分析学家的使命。

直到文艺复兴时期，数学家的研究主要围绕着固定的、坚实的物体。那是一个由代数或几何统治的时代，简单来说，就是要对一个稳定、静态的环境中的长、宽、高进行量化分析。到了18世纪，瑞士人莱昂哈德·欧拉（Leonhard Euler）——那个时代最重要的数学家、科学家之一，奉普鲁士国王之命为其建造一座喷泉。作为一个好奇而严谨的科学家，他想借此机会研究一下水的运动，目的是用数学的术语来描述水流，即对水流的性质进行数学建模。他其实没有必要做那么多，因为给他的命令仅仅是建造一座喷泉而已。但我相信他绝不会错过这样一个好机会来创造前所未有的方程式——一个全新的领域。

挑战并不容易。因为不像长方形或我父亲切割过的那段原木，喷泉的水不是静止的，它处于永恒的运动中，并受多个变量的影响：速度、密度、周围空气的压力、经过的时间……由此可以看出，我们无法像量化圆柱体的表面积那样去量化水流。为了克服这个困难，欧拉后来发明了一种全新的方程式写法：偏微分方程。它允许在方程式中加入诸多变量作为补充条件，但这还不是全部。由于这些变量的值在不同的位置上可能是不同的（例如水不会以相同的速度流向四面八方），因此需要加入一个不限定的未知数，比如任意一点的速度，即未知函数。此外，它们不是也不可能是线性的。增加原因也不会导致相应的结果，可见，增加两种流体的速度没有任何意义。这些方程是非线性的，因此通称为非线性偏微分方程。

这个水流模型顺理成章地被命名为"欧拉模型"。它为数学分析开辟了一个新领域：流体动力学。在水之后，数学家又把目光转向了其他液体，然后是气体，它们都属于非线性偏微分方程的大家庭。此外，空气一直是人们关注的焦点，自从牛顿为现代科学引入了新的变量——加速度，即"速度的速度"以来，情况更是如此。

18世纪的法国数学家让·勒朗·达朗贝尔（Jean Le Rond d'Alembert）对空气的流动模型进行了研究。它以牛顿开发的模型为依据，其研究结果"达朗贝尔悖论"实在令人震惊：按照牛顿原理所建的模型中，鸟类竟然是无法飞行的！这与我们的观察显然不符。

很明显，牛顿的模型没能经得起实验，欧拉的模型也是一样。方程中应该还缺了点儿什么。19世纪时，法国数学家亨利·纳维（Henri Navier）和英国物理学家乔治·斯托克斯（George Gabriel Stokes）开始着手解决这一悖论。他们以欧拉模型为基础，引入了其中缺失的概念——"粘性",这一术语背后隐藏的是空气的阻力,我们可以通过在高速公路上打开车窗,把手伸向外面来进行验证。相对于"阻力",人们有时更喜欢使用"摩擦"一词,因为这种效应可以看作是分子之间的摩擦。在导入粘性这一概念后,鸟儿终于可以飞翔了。

这项工作催生了新的理论模型,它被称为"纳维-斯托克斯方程",用以纪念这两位科学家。该方程可以准确地描述气体和大多数液体的流动,这一革命使应用数学得以发展。200年后,纳维-斯托克斯方程被广泛应用于与流动的液体或气体相关的各种工业领域,没有它也就没有飞机,没有内燃机,没有水力大坝,也没有电影《泰坦尼克号》。

在那艘著名轮船沉没的场景中,詹姆斯·卡梅隆(James Cameron)使用了特效来重现海水的运动。他使用的软件除了采用纳维-斯托克斯方程以外,别无他法。那部电影让我感到很无聊,但轮船总算沉没时我真的很高兴,因为只有那一幕能让我欣赏到图形工程师的工作。但不得不说,我还是很失望。电影使用的方程显然相当基础,在专业人士的眼里,海水的运动显得极为平庸。

一旦液体和气体流动的秘密被部分揭开，一个明显的问题就出现了：热量是如何流动的？我们能不能建立一个数学模型来准确地描述热量的传递方式呢？19世纪，法国数学家、物理学家约瑟夫·傅里叶（Joseph Fourier）提出了一个关于身体所散发热量的方程，从而解开了这个谜团。傅里叶的贡献还在于描述了一种在那个时代不为人知，今天却被各大报纸的头条竞相报道的现象：温室效应。这个贡献与纳维-斯托克斯方程所描述的气体和液体的模型，共同构成了我们日常天气预报的理论基础。

所有这些发现都有助于形成今天被人们称为"力学"这一广义概念所涵盖的范畴。在此基础上，人们又对固体和波——首先是声波，其次是电磁波——的行为进行了数学建模。到了20世纪，数学家，或者说科学家，力求进一步完善这些模型，并试图将其应用于各种不同的背景或环境，比如分析相对少见的液体，或者在不同的气体、液体产生交互时对其行为进行描述。正是这一类工作占据了我职业生涯的一部分，还是让我们晚一些再进一步详谈。

即使在今天，纳维-斯托克斯方程也没有揭示它自身的全部秘密，其解法作为现代数学最持久的谜团之一，在2000年被美国一家数学研究所列入了"千禧年大奖难题"。这项挑战旨在解决七个著名的、被认为是无法解决的数学问题，每解开一个难题都附带100万美元的奖金。直到今天，与纳维-斯托克斯方程有关的解法仍然是个谜，对抗着所有人向它发起的挑战。

使得纳维-斯托克斯方程（更普遍地讲，偏微分方程）如此难解的原因是其非线性这一特点。现在，就让我们来具体谈谈前文简要提到过的这个术语吧。在线性的情况下，原因的增加势必导致相应的结果；但这一相关性在非线性的情况下却不再适用，反应链也由此变得更加难以描述。假设我们现在有一个4人份的蛋糕食谱，如果您将接待8位客人，应该怎么做呢？答案很简单：我们只需将所有配料增加1倍即可。蛋糕的味道不会改变，这就是线性的情况。但是，如果我们把烘焙时间也翻1倍，蛋糕的口感还会一样吗？我表示怀疑，这种关系就是非线性的。事实上，自然界中几乎没有什么是线性的。

线性行为通常只在非常特殊的情况下有效。正因为这样，这个研究领域在数学上才如此困难，当然，也如此有趣。我十分钦佩的一位20世纪美国数学大师彼得·拉克斯（Peter Lax）曾这样讲："线性造成轻蔑（Linearity breeds contempt）。"这句话源于谚语"近之则不逊"（Familiarity breeds contempt）[1]，是一个难以翻译的文字游戏。当然，这样讲话有点挑衅，但其含义却是不言而喻的：线性方程的世界过于平坦、过于暗淡，它无法让大脑产生兴奋，至少对我来说是这样。

自硕士学习结束以后，另一个占据了我职业生涯大部分时间的数学领域与非线性偏微分方程直接相关。它涉及对函数的使用，并将其应用于动态、复杂的情况中，这就是所谓"最优控制"。它的应用和数学分析一样具体，但与分析不同的是，我在大学学习期间曾经更加接近这一领域，特别是在计算机科学方面。还记得我之前曾提到主要涉及计算机网络的队列理论吗？事实上，最优控制问题的例子与该理论关系密切，尽管这一术语包含的研究领域更为广泛。

我们每天都在无意中经历着最优控制及其优化。在决定赴晚宴或去电影院的最短路线时，您就在进行最

---

[1] 即熟悉容易造成对人的轻蔑。

优控制；在超市里找到并选择能最快结账的收银台，也是最优控制的一种练习。如何平均地切分蛋糕才能使每个客人都不觉得受到冒犯，如何在汽车的后备箱里摆放行李才能确保把每一件都装进去……这些都需要优化处理。当然，大多数情况下，人们是通过蘸湿手指数数来搞定的。数学家无法享受这种奢侈，相对地，他们研究的优化案例往往涉及复杂得多的问题。

与最优控制相关的数学案例可以追溯到遥远的古代。公元前9世纪，腓尼基女王狄多（又名艾丽莎）来到了位于今天突尼斯的海岸定居。她在那里找到了令自己心仪的广袤沃野，于是计划在此建造一座城市，也就是未来的迦太基城。然而，实现这一计划需要从获取土地做起。土地在当时归当地一个蛮族部落的首领所有，狄多无法通过武力获取领土，但在美貌的帮助下，她成功打动了好战的首领，后者建议她进行如下交易：狄多可以得到她用一块牛皮划定的领土。在那一刻，我们的女王进行了人类历史上有迹可循的第一次最优控制。

那位蛮族首领的慷慨既值得赞赏也让人怀疑，因为不得不承认，一张牛皮并不是很大。但狄多才思敏捷，她十分巧妙地将牛皮切割成长长的、细细的皮条，这样就可以把范围标记得更大更广。接下来的问题是，应该把这些皮条围成什么形状才能最大限度地扩展土地面积，接近大海，以促进商贸呢？我们的女王再次灵光一闪：把它们围成圆形——更确切地说，是沿着海岸围成一个半圆。这是非常直观的想法，圆是在给定周长内覆盖面积最大的几何形状，出于同样的原因，堡垒、城寨、雪屋几乎都呈现为圆形或球状的结构，因为这样空间就能得到优化。这则令人称奇的逸事所展示的我们祖先的直觉，需要等到19世纪末才能由一个决定性的、无可辩驳的数学论证来证实。

费马原理是促使全世界的科学家对最优控制带来的无数可能性产生兴趣的重要原理之一。它因17世纪法国数学家费马（Fermat）而得名，他被认为是那个时代最杰出的数学家之一。在他的众多名言中，有这样一句话很有意思："光总能找到最短的路径。"在当时的数学家、物理学家看来，光这一惊人的属性应该也可以适用于其他自然或非自然现象，现代的最优控制也就应运而生了。

从那以后，最优控制的实际应用不胜枚举。它首先被应用于经济或金融领域，比如股票投资组合管理，从而在一个十分不稳定，受诸多不可预期的变量所影响的环境下优化收益；人们还用它进行城市规划，即通过交通管制最大限度地避免拥堵；在铁路方面，我们需要对列车的加速和制动阶段进行精准的设定，以便在既定轨道上确保安全并以最快速度行驶；此外，在太空探索方面，工程师需要规划出到达目的地的最短路径，同时优化燃料消耗，这也是汽车工业以及能源领域，工程师需要解决的重大问题。

值得反复强调的是，这些最优控制问题的最大难点还是它们的非线性特征，因为选择的结果并不容易确定，在此基础上还要考虑相关情况的动态因素——随着时间的推移，各种变化会串在一起……而当几十个变量都开始发挥作用时，请想象一下其难度吧！何况我们还远远没有达到可以用数学来做一切的地步。

您看，这么多的难题、重大的挑战和可能的应用场景……但对一个热爱数学的人来说，这简直就是一场盛宴。

6
在反应堆的核心

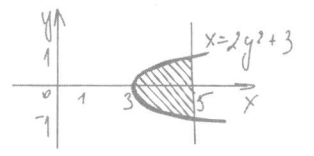

20世纪70年代末,最优控制尚未在今天使用它的广泛领域内发挥作用。当年,这个学科最受专家重视的应用前景之一关系到处于首要地位的能源领域,这主要指对电网进行管理。事实上,尽管污染少于化石燃料,电力依然存在自身的缺陷,比如难以储存,因此,转动水电站的涡轮机或启动部分核反应堆,都是人们深思熟虑后采取的应对措施。此外,对电网进行管理需要做出重要的选择,这样一方面可以避免浪费资源和成本,一方面能够保证产能以维持需求、避免短缺。需要补充的是,对电力的需求往往波动很大,它还取决于一些人们大致掌握的参数,比如气候条件,等等。无疑,这是最优控制的一个经典实例。尽管我从未研究过这一特定主题，但它完全符合我当年的专业能力以及对职业的畅想。

但我在应用数学方面的第一份"实际"工作却与另一个问题息息相关，它同样要求把最优控制应用到物理问题当中。在完成国家博士论文大约6个月后，我接到了来自法国原子能署（CEA）旗下一家名为Cisi Ingénierie的私营公司的联系。这家公司为一些受物理或数学问题困扰的大型工业集团提供服务，其解决方案可以优化工业系统的运行，从而提高效益。Cisi的传统是让年轻的（和不那么年轻的）研究人员在个别项目中担任顾问，正是在这种情况下，他们向我发出了邀请。而我当时刚刚加入法国国家科学研究中心（CNRS），在巴黎六大做教师-研究员。说实话，手头的工作已经很多，但我实在无法拒绝这样一个提议——我一直以来的愿望就是两手沾满机油并奋战到底，现在总算有一个具体的、当代的问题等着我去解决了！真的，我没办法拒绝。

于是，Cisi的科学总监，数学家让-保罗·布若（Jean-Paul Boujot）把这第一份工业项目委托给了我。当时我的名字已经在大学的小圈子里流传了一段时间，因为我年纪轻轻就取得了博士学位，当然，父亲的姓氏无疑也有助于我崭露头角。

在长达40年的职业生涯中，我那享有盛誉的父辈的遗产于我到底是一种优势还是劣势呢？我想二者应该兼而有之，且比例大致相等。优势在于，我的姓氏使我更容易在同辈数学家中被识别出来；至于劣势，应该说，作为应用数学和网络领域的先驱，父亲在圈子里并非只有朋友：那些我们学科"纯粹性"的捍卫者更倾向于强调他在某些最抽象的理论方面的权威性。

可以肯定的是，不像电影界或音乐界里充斥着一大批"×××的儿子或女儿"，对数学人才的认定是不存在主观因素的。即使利翁这一姓氏使我具有一定的优势，这也不代表我的工作就正确无误，或者能够被科学界轻易接受。对科学界而言，有效的推理和可行的结果是他们评判的唯一标准。此外我想补充一点：父子关系从未使我感到过忧虑或痛苦。父母教会了我要时刻保持冷静，不要指望自己可以摆脱被人议论，不管这些议论是来源于我的姓氏还是日后我将获得的那些奖项。简言之，对父亲的继承或许在别人眼里会构成问题，但对于我却从不是这样的。

法国原子能署的那家子公司委托我解决的问题因为涉及民用核工业，可谓既复杂又敏感。20世纪70年代末期曾有几种相互竞争的铀浓缩——即同位素分离的方法，其中一种是将铀放入高速旋转的离心机中，从而对构成它的原子进行分离。这个过程被称为超速离心技术。为了进行这一分选，离心机会以极高的速度进行旋转，并通过电阻将离心机盖加热到一定的温度。那么，怎样加热离心机盖才能优化原子分离并提高效率？——这就是我要回答的问题。这是一种教科书式的、将优化或最优控制应用于物理学上的经典案例，我实在想不到还有什么可以比它更好。

我带着巴黎六大的一名学生投入到了这项颇具挑战的工作中。那名学生是个有前途的青年，他向我表示，希望在博士论文答辩后可以继续留在工业领域工作。能动手解决一个既复杂又具体的问题让我很高兴，不过，这也意味着一定程度的风险：一般来讲，公共研究项目只要求教师-研究员证明自己的科研处于进行状态，而无须在规定时间内提交研究结果。但当您真的因为自己的专业能力被委任了具体的工业项目，就一定会感到拿出成果的压力。万一研究失败，就再也不要幻想会有新的委托。这种超速离心技术在当年与另一种通过激光来分离原子的技术处于竞争状态。作为民用核能领域的先驱，法国同时对这两种技术进行投资，可以说，无论是在财政方面还是能源自主方面，这都是利害攸关的。

几周后，我和我的学生得出了一个很有希望的结果，但它相当复杂，总之不是人们能轻易得出的那种。根据计算，我们对于加热面的建议可以将分离能力提高12%，向Cisi提交总结报告时，负责人完全没有想到计算结果竟会这么好。原子能署的人同样表现出了赞叹和热情，可以说所有人都很高兴。但只过了一个月，这一研究成果就付之东流了！我们的方法还没来得及接受实际测试，法国就放弃了超速离心法，转而专注于激光技术……

这一战略决策无疑令我们大失所望，即使如此，我们依然可以按照自己认为可行的方式自由使用研究成果。我们被允许发表一篇论文，并在英国召开一个介绍这一方法的学术会议——当然按照行业保密原则，绝不可以透露任何数字或细节。

光阴荏苒。一两年后的一天，让-保罗·布若收到了一封信，寄件人是一家奇怪的进出口公司，他们希望花重金购买我们的研究成果。信中规定：一旦成交，我们得把包含数据的所有文件存进奥利机场的一个储物柜里！这种指令在我看来与科学工作毫无关系，倒更像哪部间谍小说里出现过的内容。让-保罗·布若当然向情报部门知会了一切，告诉他们有人试图用如此含义不明的方式与我们联系。果不其然，几个月后我们得知那家进出口公司只是一个空壳，其幕后老板是南非政府，显然，对方想利用我们的科研来改善本国的核设施。这不过是一次小小的"奇遇"，但作为约翰·勒卡雷（John le Carré）[1]的忠实读者，它还是让我觉得挺有趣。

至于这个故事的后续——唉！应该说，那些政治或工业决策者着实把法国研究人员和他们的工作搞得一团糟。几年后我们又收到了一封来信，这次是由美国核能巨头西屋集团（Westinghouse）署名寄出的。集团领导对我们发表的超速离心优化技术表示了衷心的感谢，他们已成功自行开发，幸运的是，优化后的同位素分离能力提升至13%，甚至优于我们的模型12%的分离能力！那封信的结尾就是一句简单的"谢谢"，我白白把信封

---

[1] 英国著名间谍小说作家。

翻弄了好几遍也没发现一张支票……读者看到这里可能会觉得我这个人不仅天真而且幼稚。很明显,哪怕删除了相关数据,一旦研究成果公之于众就有可能被人剽窃,进而从中获利。如此说来,在公开结果前应该先将它卖个好价钱喽?但我一点也不后悔自己的决定。研究人员的主要动机向来无关经济或金钱。何况我已从Cisi那里领取了薪水,那个帮我完成项目的学生也是一样的。在专业杂志上发表的论文大大提高了我们的信誉,我的学生甚至因此在工业领域找到了一份好工作。

如果我真的希望自己在职业生涯中变得富有,估计那也并非绝无可能。我不止一次拒绝过国外的邀请,对方提供的报酬完全可以让我和家人在很长一段时间里享受宽裕的生活。我只接受过一些临时的任务或演讲,大多是在美国的大学,因为我对那里的研究一直充满兴趣。直到今天我还是芝加哥大学的客座教授,每年要在那里待上二三十天。我也估算过如果移居海外自己理论上的收入——那将是我现在在法兰西公学院工资的12倍!

我一直拒绝移居海外,并注意以正当的方式谋生。喜欢数学主要是因为我喜欢玩儿,喜欢在思考中娱乐自己，也喜欢娱乐着去思考问题。我还喜欢解决那些能激发我好奇心的问题。如果让我在一个极其有趣却几乎没有收益与另一个报酬颇丰却无聊透顶的问题之间二选一，我会很快作出选择。金钱从不是我的动力来源，我的动力向来只有一个：激情。像我这样的老头确实可以如此清心寡欲，但是年轻人呢？那些年轻研究人员的处境和低得离谱的工资实在让我担忧。

言归正传，前文讲到的故事本就够令人恼火的了，其结尾更是达到了讽刺或荒谬的顶峰。大约15年前，法国终于改变了主意：政府决定重启超速离心技术项目！不幸的是，所有的技术工艺（尤其是我们研发的优化方法）或已丢失，或已无人知晓，许多技术都要再从国外买回来才行……

这是我第一次把数学应用到重大的实际问题上。它取得了科学层面上的成就，但遗憾的是，在法国却以产业化的失败而告终。

今天，德国在超速离心技术上处于世界前沿，而它购买的大量技术本来是由法国科学家开发的……

7
通往麦迪逊数学研究中心之路

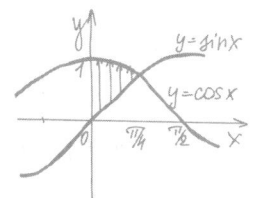

在国家博士论文答辩的两天后,我与日后成为我儿子母亲的女人结了婚。我秉承了自己接受的教育中关于工作和私生活之间需要有个优先顺序的观念:家庭应该在人类的生活中占据主导。此外,工作和生活之间健康的平衡需要各种活动和娱乐。尽管我热爱数学,但从没打算把它当作人生中的唯一。作为一个年轻的科研人员,我同样对电影、音乐、文学保持着浓厚的兴趣;我也从未错过一场欧洲六国橄榄球赛,不管是电视转播的,还是现场进行的。橄榄球承载着我所认同的价值观,其中之一我自己一直身体力行,那就是集体的重要性。

数学研究绝非一项个人体育运动。就像我所提到的,那种疯狂科学家把自己锁在家或办公室里,终日拉着百叶窗苦攻方程式的神话已经不复存在。研究人员是以团队为单位展开工作的。他们会与研究其他课题的同事进行交流，那些同事又会在实验室内外开设讲座，从而接触到国内外同行——甚至一些知识渊博的业余爱好者的观点，以此来丰富自己的研究兴趣。我十分喜欢自己的工作中关于团队合作的这一方面，并在职业生涯的初始阶段就躬行实践了。很抱歉又一次打破神话，但一个高级数学家的生活与成千上万的劳动者其实并无差别。

尽管如此，数学家的日常工作有着两个令人十分愉悦的特点，这是其他职业——哪怕是其他领域的科学家——无法比拟的。首先，数学家的工作能够在没有任何硬件支持的情况下进行，电脑或复杂的机器都不是必需的，某些情况下甚至不需要纸笔！因为在被转化成方程式之前，数学首先是思维锻炼的产物，这一点还是容我们稍后再谈。由此衍生出的第二个特点是，我们的工作不需要特定的场所，无论何时，无论何地，不管是在办公室还是在火车上，抑或夜晚躺在自己的床上……这是幸运的，同时也是不幸的。我身边的很多人常常为此对我抱怨，因为我有时会毫不夸张地与现实脱节，而这让他们相当恼火。比如，我经常大清早在淋浴间一待就是半个小时，忙着构建一个睡醒时突然想到的有趣推理。在我的家人眼里，这绝对算不上什么好事。

那么，当我思考问题的时候，我的大脑里到底发生了什么呢？想要解释清楚并不容易。我陷入沉思时的状态十分接近于冥想。那是一种绝对的专注——1小时转瞬即逝，仿佛只过了5分钟。有时我会放些背景音乐，但自己是听不到的，因为我全身心地投入到了那一刻的思考当中。全家一起吃饭时，我又会不时陷入沉思，家人经常带着审查员一般的目光询问我："你到底有没有在听我讲话？"过去、未来，萦绕在我周围的人、声音、物体……思考时，一切都是不存在的。

那么，我思考的时候又具体看到了些什么呢？还是让我们放弃那些关于数学的常见误解吧：我既看不到任何数字，也看不到任何图形。我不研究几何，也不是代数学家。我的工作是数学分析。给我的工作在视觉上、精神上以支撑的是方程及其解法，也就是它们彼此之间的各种函数及不等式。它们使用的符号通常取自希腊字母，其中许多由德国人戈特弗里德·威廉·莱布尼茨（Gottfried Wilhelm Leibniz）——一位17世纪末杰出的多面手所创造，今天仍被人们用于数学分析。我试图像个登山者那样，采用全新的、未经探索的方式来攻克这些方程，为此我会使用各种科学操作、评估或计算方法，这些术语往往被人们错误地与单纯的数字化操作联系到一起，但那些东西在我的方程式中并不存在，或寥寥无几。

我工作的习惯大约是这样的：我先把方程或要处理的问题写在一块黑板上、一张纸上、我的电脑里或一张表格上，之后试着用第一种方法展开论证。这一过程往往漫长而复杂，在整体验证了所得结果的合理性和一致性后，我会将其分割成几个部分并加以记忆。接着，我在脑海中想象着同一张表格，一个接一个地写出公式，对每一个步骤进行必要的操作和计算——就像建筑架构那样。整个过程中我会锁定一些中间环节，它们犹如坐标，时刻提醒我处于正确的轨道上。有时我也会跳过一些我认为容易或可行的步骤。一旦完成了这项基本的脑力工作，部分或完整的架构也就呼之欲出了。接着，我将对草稿上得出的各种要素加以说明，详细罗列脑海中每一个步骤所需的运算和操作。当然，大多数情况下我会发现其中的错误，它们有时能让我更好地理解问题，但无论如何，论证必须重新开始。有时甚至方法都需要重新尝试……

我绝不认为自己是个天才,也不希望被人当成天才,但必须承认,记忆力超群这一优势时常让我感到如虎添翼。很多数学家都有一副好记性,但也不是所有人都有。这一特点还让我们得以最大限度地享受数学工作者这一职业所带来的逻辑的灵活性。比如在职业生涯的早期,我也明白为保证充足的睡眠应该避免晚上工作,而晚饭时开始推导公式很容易导致失眠。因为我一向能够在任何情况下快速、轻松地集中精力,但脱离这一高度集中的状态却很困难。不过随着年龄的增长,我还是学会了从数学的经纬网络中迅速抽身。

数学非常适合这种近乎冥想的智力训练,因为我们的大脑能够与它完美契合。人类的大脑喜欢结构,即使在结构不存在时也能见微知著,通过概念和系统进行推理。给它一张像拼图游戏那样切成小块儿的照片,它就会千方百计去重现原始图形。而数学的任务只有一个:它在不同的概念之间穿针引线,将各种结构汇集起来,最终形成一个连贯的整体。它能识别拼图的碎片,从而将其拼成完整的照片。一张也不多,一张也不少。

"警察办案"是另一个在我看来很适合描述这一工

作的例子，这个比喻不仅贴切，而且与我对惊悚片的喜好相得益彰。当受害者的身份得到确定后，到底谁才是罪魁祸首呢？我们将就此展开调查、寻找线索，把一个个线索联系在一起，再一项项地验证假设，直到最终锁定肇事者和犯罪现场。高等级数学的难点在于我们需要同时调查10~20起犯罪，因此，组织意识和清晰的思路都是必不可少的。

之前已经提到过，我工作的各个环节中有一部分远远超前于其他，它承载着我的全部思考，就像一个基座一样。一旦确立好方程，我就会展开自己的调查策略：我会把这个问题或它的一部分牢牢握紧，然后翻来覆去地对它又拧又摇！我的目的是找到一个突破口——一个全新的、前所未有的切入方式。这有点像我把一个物体或形状在内心中展现出来，然后试着从另一个角度对它进行观察，但具体来说，我又没有看到任何物体或几何形状，在我的脑海中以非视觉化的方式呈现出来的只是一些方程、一些不等式或数学公式而已。

就像任何警察办案一样，直觉在这里发挥着重要的作用。我是一个直觉型的人，这是我在好记性以外的另一大优势。所有让我得到认可并为我的职业生涯指明方向的工作都有一个共同点，那就是它们都始于直觉。比如，当我遇到一个问题或问题提交到我面前的时候，我立刻就会意识到它有一个解法，而且是可以实现的。但应该怎么做，又需要使用哪些工具……？我并没有头绪。我只是确信解法确实在某个地方存在着，哪怕需要花点时间来寻找。我在可压缩流体力学方面有过一项广为人知的成果，它最初就是源于一个简单的直觉，但我却耗费了整整9年才达到预期的结论。不过，整个过程中我对成功从未有过动摇。直觉很少让我失望，它真的是功不可没。

在阐明数学家工作的类比游戏中，除了之前提到的警察办案，还有另一个十分恰当的例子——下国际象棋。解方程就像下国际象棋，我们需要努力预测自己每走一步可能产生的后果，并提前应对对手可能作出的反应。这一隐喻又引出了另一个更深层次的问题：谁是我们的对手？

围绕着这个疑问，让我来具体谈谈自己关于数学基本性质的看法吧。正如前文已经提到的，有些科学家或哲学家有着某种柏拉图式的数学观，他们认为数学的存在先于人类的源起。换句话说，数学在遥远的蒙昧时代就已存在，数学家的游戏就是掀起它的神秘面纱，将其呈现给我们这些凡夫俗子的大脑。尽管我不怎么相信，但也可以说，无论是从宗教意义上还是更加平凡的意义上来看，棋盘另一边的对手正是上帝——那位宇宙杰出的建筑师。

这种形而上学式的数学观我并不十分赞同，当然也不打算全盘否定。没有人能在这个问题上提出决定性的论点，但它不符合我的无神论思想，也不符合我脚踏实地的性格。尽管如此，我发现自己喜欢凝视"结构之美"——一个数学公式的美，并为之着迷。在那神奇的一刻，一切都水乳交融，以如此和谐的方式闪着光，甚至让人感到辛苦计算出来的结果其实一直都在那儿。它被销子锁着，隐匿在阴影里，它就那么静静地等待着，等着一个多少受到启发的灵魂拿着正确的钥匙前来，好向他展示自己……不过，就算我能体验到这种强烈的、令人眩晕的感受，我还是会给它提出一种不那么华丽的解释：那是我们的大脑在运转，而我又不懂它运转的机能。这使得我的言论颇具争议性，甚至可能是相当荒谬的。

在我看来，人类的大脑有两个特点，它同时促进数学推理和那种有时会相伴而生的唯美的晕眩。第一点我已经简单谈过：我们的大脑对各种概念有着与生俱来的喜爱，面对种种彼此间多少有所关联的信息，它会努力将其分区整合，由此找出其中隐藏的、具有一致性的结构。例如，人人都理解"狗"这一概念，即使狗有数百个不同的品种。面对一个不熟悉的品种时，我们的大脑依然能够联系各种线索，从而得知自己是在与一条狗打交道。这是一种由点到面、在各种联系间穿针引线的能力，而它恰恰是数学推理的根源。

至于第二个特点，应该说我们的大脑是一个奇妙的快乐制造机。这种关于美与和谐的感受伴随着发现油然而生，虽然它被一些人解释为上帝的气息，但在我看来，那只是为了回报我们的努力而自然产生的某种化学反应。话虽如此，我还是要再重复一遍：这只是一种信念而已。因为我和那些持相反观点的人都无法在这个问题上证明任何事情。何况我也不是神经科学或心理学方面的专家，而且我经常告诉自己，哪怕是对数学我也不太了解……

我在撰写国家博士论文期间谋求到了人生中的第一个职位——"教师-研究员"。那时，我对这个词的确切含义毫无概念。我不了解数学工作者的日常是什么样的，但我知道，应用研究本身一定会让我着迷。在高师的第二年，一个期盼已久的契机终于出现了，它为我的科研生涯指明了方向，不久之后，法国原子能署和Cisi就将项目委托给了我，这让我坚信，自己需要在理论和应用之间取得平衡。

我的职业生涯始于1979年，我由法国国家科学研究中心指派到巴黎六大，担任教师-研究员。这一职位当年也被称为研究专员，它使年轻的研究人员可以不受任何限制、全身心地投入到一个或多个科研项目中。这种情况对我来说十分理想，因为在两年时间里我可以全面探索公共研究的世界，而附属于国家科学研究中心也让我充分享受到了思想上的安宁——除了研究，它对科研人员真的不做任何限制。我也知道，除此以外还有其他职业选择的可能，例如在大学继续展开职业生涯，或者在比如工业领域里加入私人研究项目。在大学任教当然是最自然的选择，但只要能维持兴趣，我并不太在乎雇主的名字或性质。

要说为什么我能在各种职业机会中如此从容，那是因为我属于得天独厚的一代。今天初入职场的年轻人恐怕无法想象我这样的"老人"曾是多么幸运。不管自己的研究涉及哪个领域，我们都知道可以毫不费力地找到一份工作。高等学历就是求职的保证，这一点对自然科学或其他领域都是一样的。不过我发现，这种情况从20世纪80年代末开始日渐式微了，在漫长的就业危机中，一些大学学历——哪怕是理科的——不再是就业机会的保障，即使应用数学无论过去还是现在都还处于相对受保护的地位。如今，试图进入公共研究项目犹如一场豪赌，它意味着大量的竞争对手、有限的职位、匮乏的预算……我还要说，今天发给年轻研究人员的工资简直就是一大耻辱，这些对我国的未来举足轻重的青年才俊——他们的薪水所得仅仅是法国最低工资的1.3倍！

我们那一代人没有这样的问题。当年，一个人只要拥有才能且不乏干劲，所有的大门都会为你打开。更好的一点是，我们可以自由选择研究课题，不用担心遭受时代环境的压力或创新政策议程的影响。应该说，我在整个职业生涯中充分享受了这种今天遭到打压的绝对自由，相信它与我所取得的众多成就是息息相关的。

我在巴黎六大的应用数学实验室（它现在以我父亲的名字命名）进行了国家博士论文答辩，从而了解了一个数学研究人员的日常生活，关于这方面，我原先是一无所知的。每一天的日程都不尽相同，一般是从阅读各国专家就我感兴趣的主题发表的文章开始的。

发表论文是研究员这一职业的核心内容，无论哪个学科都是如此。研究人员借此向人们展示自己的工作，赋予它价值，从而在其研究领域正在进行的各项活动中确定它的位置。也正是通过这种方式，研究人员的搭档（比如项目主管）得以评估他的工作是否到位且具有质量。今天，这些论文通常可以上网检索，甚至在专业杂志正式发表前就能通过关键词被人们找到。但不得不说，随着时间的推移，学术期刊这一体系尽管依然存在，却已是时移俗易：它催生了一种更多是数量上而非质量上的产能过剩，而且更偏爱"时髦"话题。这当然不利于那些人们冒着风险进行的去伪存真的研究——科学史证明，那才是人类最重大、最杰出的发现的起源，这一点我以后还会谈到。

论文是科学家展示其研究现状的日常基础。除此以外，它还承担着为实验室的同事提供话题以展开讨论的作用。一篇论文的发表会成为交流的契机，引出各种非正式的对话，其中又会萌生新的思路，从而使研究人员的工作得以丰满。我经常与同事展开这种对话，有时交谈的话题与我的研究主题相去甚远。某些时候，我的思考由此得到激发，之后可能为此工作数天、数周，甚至数年。刚到巴黎六大的头几个月，我就意识到这种同事间的互动对研究项目的成功必不可少。应该说我真的很欣赏日常生活中的这一面，它不仅友好，在知识层面也是包罗万象的。我们那时没有或很少会进行正式讨论，所有这些交谈都是在不经意间展开的。同事之间以"你"相称是第一法则，完全不必考虑对方的声望或工作年限。

研讨会是数学工作者日程中的另一项重要活动。它通常每周举行一次，数学家会为实验室同事或外来人员进行1个小时左右的陈述，向他们介绍其研究的某个具体方面、相关进展，或者只是简单地分享一些研究思路。应该说这种练习至关重要，因为除了与人分享的乐趣，它对演讲者自身同样大有裨益：在向他人展现自己的动机、感受甚至情绪的同时，演讲者需要努力使自己的论述让人信服，而在帮助他人理解的过程中，演讲者自身的理解也会得到强化，这往往有助于加深自己对问题的反思。值得一提的是，由于讨论的主题通常具有很强的技术性，高水平的研究人员之间同样可能难以相互理解。那些让普通大众一头雾水的东西对于许多专家而言也是一样的，哪怕这些专家在同一个实验室工作，或者投身相同的研究领域。

这个职业还有一个特点很有意思，那就是对外可以做到坦诚相见。在数学领域——可能比在其他自然科学领域更多，世界各地实验室之间的合作可谓硕果累累。在巴黎六大时总会有外国同行前来造访，我们对彼此的研究都饶有兴趣。同样，我们不止一次地受邀出国，或者在学术会议上发表演讲，或者只是单纯地作为参加者列席。刚刚成为一名研究员时，我从没想过自己会如此频繁地到处跑，在这个过程中甚至与差旅不断的父亲打过照面。对于好奇心异常旺盛的我来说，环游世界，满足激情，着实是人生的一大乐事。

数学家大会如同一个由他们的密码和规则组成的微缩世界。大会——"congrès"一词的拉丁语词源本来暗指男女之间的性接触，尽管今天这个单词中对性的隐喻已经不再出现，但不得不承认，它依然代表着提供聚会和快乐的场所。在大会上，来自世界各地的研究人员欢聚一堂，围绕着一个时而广泛、时而具体的议题展开讨论。无论是国际数学家大会，还是四年一度、有3000人参加的应用数学大会，抑或是最小型的研讨会，它们都为研究相同问题的专家提供了分享的一刻，更为他们创造了建立人际关系的机会。在这样的会议中，我也结识了一批既真诚又有益的朋友，有赖于他们的帮助，我的路子越走越宽了。

最初发表演讲的几个地方之一给我留下了难以磨灭的印象。我那时22岁，需要在美国最重要的数学研究中心之一——充满传奇色彩的纽约大学柯朗数学科学研究所（Courant Institute of Mathematical Sciences）公开演说。在人数众多且水平了得的公众面前发言已经让我有点儿不舒服，当看到那个时代最负盛名的数学家都来做我的听众时，我完全陷入了恐惧。临上场前，我感到自己被一阵难以控制的怯场攫住了，我坐立不安，只觉得时间无情流逝。好在我当年并不出名，于是，为了寻找内心的平静，我步入大厅并在逐渐开始填满的座位中间安顿下来。

坐在第二排，我突然发现了一位时代巨星。那是一个人尽皆知的应用数学领域专家，这里请容许我隐去他的名字。他带着一群人、前呼后拥，搞得我愈发紧张。

看到他与一名得意门生谈话时我不禁竖起了耳朵，同时感到自己两腿颤抖，心如鼓擂。

"我想知道利翁今天会给我们讲些什么。"大人物一脸贪婪地侧头问他的弟子。

后者感到不得不为他的热情泼点儿冷水，便回答道：

"不不，不是利翁要演讲，是他的儿子，皮埃尔-路易。"

得知这一消息后，大明星先是瞠目结舌，之后显得十分气恼。他随即拿起自己的东西，起身离席，没有向任何人解释便扬长而去。我毫不夸张地大笑起来，那一幕被我丝毫不差地看完，它一瞬间就扼杀了那一刻的庄严隆重，也让我那翻肠搅肚的怯场化为乌有。之后，演讲进行得十分顺利。

我第一次受邀参加大会也是在美国，在威斯康星大学麦迪逊分校的数学研究中心，那是1977年秋天的事。在两场会议之间，我结识了"迈克"，也就是迈克尔·克兰德尔（Michael Crandall），一位瑞典裔美国人，比我大15岁。他和我一样是个结实的大块头，这种体形上的相似使我们在彼此眼中都显得十分突出。当时，迈克已是公认的数学家，毕业于斯坦福大学、加州大学伯克利分校和加州大学洛杉矶分校等著名学府。我们俩很快就变得要好起来。他出身于一个十分贫寒的家庭，父亲是一名流动工人，大部分时间都住在拖车里。为了锻炼身体，迈克小时候只能用他爸爸在两块水泥砖之间夹起的一根铁棒练习。我们的关系日益融洽，他后来把我介绍给了自己的家人。那时我们什么都聊，尤其是体育——那个我们共同的爱好，而当话题变少时我们就聊数学。回国时我承诺会和他保持联系。

不过我尚不知道，这一承诺将为17年后授予我的菲尔茨奖奠定基础。

8

粘性解

我和迈克·克兰德尔两人一拍即合，不仅在友谊上，在工作上也是如此。那时和我相比，迈克才是非线性偏微分方程领域的专家，擅长对给定环境下的各种物体，如波、气体或流体的运动进行直接或间接的数学描述。更通俗地说，就是用数学语言来诠释各种物理现象。就像前文中所提到的，这些方程直接源于牛顿和欧拉撰写的方程式，旨在用数学术语对自然界中的各种作用力进行建模，比如引力，以及随后在1864年由詹姆斯·克拉克·麦克斯韦（James Clerk Maxwell）补充的电磁力。

我的研究则是要把这些方程应用在最优控制上，这与迈克的领域其实相差无几。前面的章节已经讲过，我曾受Cisi的委托完成了人生中的第一个项目，那是最优控制的一个具体例证，稍后我还会提到更多的例子。

自1977年结识以来，我每年都会应迈克的邀请去拜访他在麦迪逊的研究中心。我们一同交流彼此都感兴趣的话题，数学自然也不例外。1981年起，我开始以巴黎第九大学教师-研究员的身份外出访问。这所以管理学、经济学专业著称的公立大学招聘了我，那时我已结束在法国国家科学研究中心为期两年的研究生涯。当年的巴黎九大只有几千名大学生，原因很简单，在巴黎所有公立大学里，只有它会举行入学考试。这一方针使其各种课程的含金量大大提高，甚至能与那些高等商学院的课程相媲美。此外，这一政策还有助于控制学生数量，九大由此成了那个年代为数不多的几所招生规模合理的公立大学之一。我对这一特点情有独钟：为数不多的学生，为数不多的老师，它意味着二者之间的关系将更加密切。这样的环境会使团队合作迅速建立起来，我这样暗暗告诉自己。

巴黎九大虽然在经济学、金融学以及管理学方面颇有名望，在数学领域却默默无闻。原因在于它只有三名常任数学教师，分别是日后因其科普书而广为人知的杰出数学家伊瓦尔·埃克兰（Ivar Ekeland）、动态系统专家让-皮埃尔·奥宾（Jean-Pierre Aubin），以及阿兰·本苏珊（Alain Bensoussan）。阿兰·本苏珊是我父亲过去在应用数学实验室的学生，他在分析学和概率论之间的课题研究与最优控制的关系尤为密切。这三个人都负责教授"社科类应用数学"——一个侧重概率、统计和优化问题的数学分支，在法国更加耳熟能详的称谓是MASS，其目的是培养职业数学建模师，从而在经济、金融、管理等领域承担精算、市场营销、数据处理、数学经济一类的工作。

让-皮埃尔·奥宾知道我对最优控制感兴趣，于是建议我加入他的教师-研究员小组。那个小组构成了巴黎九大的数学实验室——决策数学研究所，简称CEREMADE。当时，实验室成立了10年，主要致力于最优控制及相关问题的研究，这一领域在那个年代还鲜为人知，至少在法国是这样的。在这个尚未得到充分解读的术语背后隐藏着决策支持方面的科学，它们关注系统在一个不断变化且不确定的环境下的运行情况，目的在于优化系统运行，以便做到最好。这首先要求对系统进行建模，从而优化其管理。

对随机过程（通称"随机性"，是一种偶然因素，因此属于概率计算的范畴）进行控制，指的是通过计算将给定情况下的随机部分减到最小。在经济学和管理学中，随机控制的具体应用很多，涵盖面从公司库存的优化管理一直延伸到金融工程。这一概念的引入最初是为了解决力学方面的演化问题，它和费马原理或最小作用量原理衍生出来的变分法关系密切，通过最优控制可以实现更为现代化的应用拓展。随机控制的实现无论在理论上还是数值上都十分复杂，尤其包括几大数学难点：一方面，它的解决方法通常具有奇点，这有点类似一条带有峰值的曲线；另一方面，峰值点上的解为数众多，需要对其进行筛选才能找出正确的、与所研究的具体情况相符的那一个。

让-皮埃尔·奥宾邀请我去他的实验室时，我正好在搞随机控制。这一领域汇集了我的诸多爱好：非线性偏微分方程、概率学，还有最优控制。如果从谨慎的态度出发，我应该留在巴黎六大的应用数学实验室——它已经小有名气，而且我在那里已渐渐地为人所知。但我这个人生来就喜欢挑战和走捷径，这使他的提议听上去令人难以抗拒。尽管如此，让-皮埃尔·奥宾和他的同事们还是小心翼翼地告诫我,他们的实验室名不见经传,所以完全无法享受研究部或法国国家科学研究中心的预算补贴,研究人员得靠互相帮助或者自己应付来打理日常生活,不过换个角度讲,大家也能安心、自由地选择自己的研究领域。所有这些理由在我看来已经足够,我不由得跃跃欲试。

与我在法国国家科学研究中心麾下度过的两年时光不同,这一次,除了科研项目,我还得给学生讲课。25岁的我为此只得置身于大学的阶梯教室,对着一百多个几乎与我同龄的学生高谈阔论,甚至在课程末期给比我还要年长的人上课。我的课主要讲授数学分析的一些基础,比如让学生了解微积分和它的优化应用。说来,在人满为患的阶梯教室讲课令我相当恐惧,第一次上大课的那天我简直紧张到了极点!我穿过教室走向讲台,两旁的学生咯咯笑着交头接耳,我感觉自己的肚子就像被打了结,紧张得一句话都说不出口。我的年轻和外表引发了爆炸式的反响,一头被太阳晒脱了色的长发很快为我赢得了"冲浪者"这一别出心裁的绰号。其实比起冲浪,我在现实生活中更喜欢玩卧式趴板,每逢假期总会做些练习。话虽如此,我是不会在这一点上喋喋不休的。

我首先准备了一门课的油印讲义，好让它在教学和情感两个方面都能为自己提供支持，而后在自信心的帮助下，我再慢慢试着脱稿讲课。就像往常一样，幽默感——或者至少是爱开玩笑使我得以成功地掩盖并克服羞怯，我迅速重操旧业，找到了自己在中学三年级时切身体会过的那种知识传播的乐趣。应该说，阶梯教室从很多方面来看都是一个舞台。我在那里一点一滴地学会了演出，随着时间的推移，终于使自己的一些主课或演讲化身为真正的表演（并多少取得了一些成功）。工作中的这一面曾那么让人忧心忡忡，但很快我便感到称心如意，直到今天依然乐此不疲。此外，我当年的日程安排遵循着一个相当简单的逻辑：上午被我用尽可能多的课程填满，这样下午的时间就可以专注于研究项目。

我之所以反复强调偶然和际遇在自己职业生涯中的重要性，是因为它们促成了一些让我最引以为傲的工作。具体来讲，我在数学领域第一项获得国际认可的研究是在一次去麦迪逊数学研究中心拜访迈克·克兰德尔时展开的。迈克和我都对一类特殊的方程感兴趣，比如哈密顿-雅可比方程，还有力学、变分法和最优控制会用到的那些经典方程。

在一年一度的造访期间，迈克和我曾不止一次地谈到我们两人可以一起工作。尽管如此，我们从未迈出过实质性的一步，虽然我们都发自内心地感到彼此间的合作应该会收获颇丰，但一直没有找到可以研究的具体问题。在专业方面，我们谈论最多的是如何简化哈密顿-雅可比方程的解法。直到1982年，也就是我进入巴黎九大的一年后，在一次忙里偷闲到麦迪逊大学拜访期间，我们的一次交谈才真正开启了一个共同研究项目——粘性解，我想那应该是我在数学世界取得的第一项成就。

为了对这个术语的细节进行详细描述，还是让我们先来回顾一下非线性方程的原理。非线性方程被用来描述物理现象，在这些现象中，原因的增加不会导致线性的结果。而在与之相反的情况下，例如我们想买一些橙子，那么3公斤橙子的售价必定是1公斤橙子的3倍，显然，原因与结果呈现线性的对等关系（非线性只有在购买大批量橙子的时候才能展示其意义）。现在，让我们想象有两股时速均为50公里/小时的风在空中相遇，它们的交汇所产生的旋风绝不会以100公里/小时的速度推进——那必定是一个混乱的暴风团，其中的风速各不相同且极具变化性,这就是非线性的情况。可以说,作为一种物理现象,风的速度或蛋糕的烘烤都是极其甚至完全非线性的。此外在很多情况下,线性叠加(结果)这一行为本身没有任何意义,因此,添加两个元素所对应的映射也不会带来任何帮助。

如果说在线性的世界里地球的表面是平的,那么现实生活中的种种现象往往都是非线性的。有鉴于此,传统的数学工具不仅显得杯水车薪,有时甚至可能徒劳无获。对这一类现象的建模只能采用非线性方程,比如哈密顿-雅可比方程,或纳维-斯托克斯方程,我在前文已有相关论述。此外,这些方程可能会提供多种解决方案,我们还需要从中去粗取精,找到最佳的那一个。

现在,就让我们用山火这一平凡的物理现象来解释粘性解的意义所在吧。请想象一下,两个相距几十米的火源以恒定的速度移动,每个着火点都可以用一个圆来表示,其直径的增大与火势的蔓延成正比。随着时间的推移,两个圆圈会慢慢靠近,直到最终相互接触,两条火线的交汇处会生成一个奇怪的形状,它与那两个圆毫无关系。两圆相交时,接触点形成的峰值就是前文提到的奇点。要为这种无序蔓延的火势进行建模,一直让数学家们大为头痛，因为这些方程会生成多个峰值上的解，鉴于火势确实以某种既定的方式在扩大，只有与之相符的解法才是正确的。

迈克和我试图对这种复杂现象的演变进行建模，也就是说，以尽可能好的方式实现对它们的模拟。我们的灵感源于一个流体力学原理：粘性。不知您是否还记得，粘性在空气运动模型中指的是空气之间的"摩擦"，没有它，鸟类就无法成功飞行。当然，这种摩擦并非是在鸟类飞行中发挥作用的唯一因素，因此用它还不足以精确地模拟空气的运动。即使如此，从某种程度上说它构成了一种"实质"，只要经典物理学中诸如速度、加速度等常见的概念屹立不倒，它就会继续存在。粘性的特点十分醒目，换句话说，就是它与其他物理现象有着截然不同的地方。

在山火这一案例当中，粘性在重要变量和与火势无关的变量之间进行了同样的筛选。它对火焰做出了规范化的调整，通过在燃烧与未燃烧的区域之间建立中间地带，将我们那无序蔓延的山火前沿打磨得平滑，由此成功对火势的"本质"进行了计算。在粘性的处理下，那场森林大火变得温和而规矩，它的形状与走势变得更加平滑，尽管更加模糊不清。方程终于得以对这种快乐而混乱的状况进行建模，以往的多个解法这次只剩下了一个。预测由此变得可能，一切不确定的东西都冰消瓦解了。

迈克和我真正的奇思妙想在于把粘性这一物理学原理融入了多种类型不同的方程式，它们中的一些源于最优控制。这样操作使我们对物理学或力学以外的复杂模型有了准确的理解，如经济学中的价格或股票、计算机科学中的数据包、交通管制所对应的汽车流量，以及扫描图像的灰度等等。

可应用的领域显然十分广泛，除了最优控制的相关实践以外，它还囊括了图像处理、市场金融，甚至能够对移动电信网络中极其复杂的随机现象进行建模。具体的细节请允许我在后文中详述，说起来，我对其中的一些略有造诣。

在打开了推理的第一扇大门后，我和迈克花了几个月的时间按图索骥，终于完成了一篇能够与数学界分享的扎实论文。1983年，我们两人联名在一份美国数学杂志上发表了这篇论文，题为《哈密顿-雅可比方程的粘性解》，这是我们首次公开自己的研究发现。迈克或我都未曾想过要把我们的理论命名为"克兰德尔-利翁解法",自我陶醉不是我的风格,当然也不是他的。在之后的几年里,引用我们文章的出版物数以百计、方兴未艾,它们从各个角度对我们的理论展开推敲,甚至为其找到了连迈克和我都未曾想到的应用前景。学术界很快表现出极大的热情,这无疑使我深感欣慰和自豪,但并没有为我带来任何荣誉。

我不是世界上最谦虚的人,但我很清楚自己有局限,也有缺点。我知道自己在专业领域的价值——它主要体现在数学方面,但我的同事们在各自的战场同样大有作为。我为自己在数学上取得的成就感到自豪,同样,我深知还有无限广阔的领域,对此我只能望洋兴叹。无论如何,我丝毫没有追求名利的想法。在粘性解这一理论问世近40年后,世界各地的数学家至今仍在广泛地讨论并使用它。遗憾的是,很多人并不知道或者已经忘记了提出者的姓名……对此,我可以做到安然若素。请不要认为我能接受这样的观点是出于年长者的智慧,当年那个25岁的我同样能够处之泰然。

在那篇开创性的文章发表的3年后,迈克请我暑假时带着全家到加州的圣巴巴拉(Santa Barbara)小住一段日子，他刚刚在那儿的大学里找到了新工作。在我们到达的那天，他说有人邀请我们撰写一篇文章，来对粘性解这一概念做一个百科全书式的介绍。那时，专门分析我们的发现及其应用的著作已有3本书、500篇期刊论文。旅行和时差导致的疲惫让我实在提不起干劲，但为了尽快解脱，我同意毫不拖延、即刻投入工作。

晚上9点左右，我们在迈克可爱的露台上摆开了摊子。我们两人沉浸在加州温润的空气中，听着蟋蟀浅唱低吟。相对于集中精力，那种氛围让人更想凝视夜晚的美好。迈克和我一样没什么干劲，作为鼓励，他拿出了几根上好的雪茄和一大瓶龙舌兰酒，为我们艰苦的工作助兴。在放松、友好、充满欢笑的气氛中，文章的起草一直持续到深夜……

而第二天早上重读手稿时，我们才发现一切都得重写！

9

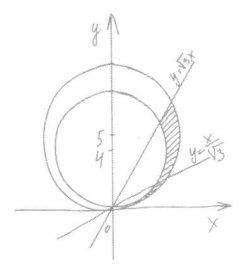

图像算法找出了有刺青的凶手

故事讲到这里，一些读者可能会说，一个高级数学家的工作无论多么有趣而有用，都没什么可令人兴奋的。我能理解这种想法。根据上述回忆，我的日常生活看上去确实与游侠柯尔多·马尔迭斯（Corto Maltese）[1]相去甚远，哪怕我是他那些冒险故事的狂热读者和绝对拥趸。这么说并没有错。单凭对扩展方程的热情，我的确很难去见证洛杉矶一家墨西哥餐馆里的枪击案——它离我在巴黎的实验室有9000公里。我知道，作为我对数学的主要贡献之一，粘性解的发现将对自己未来的职业生涯产生意想不到的影响，但必须承认，它只是一个

---

[1] 2002年上映的动画类电影《七海游侠柯尔多》的主人公。

偶然的发现。

还是让我们先回顾一下我在巴黎九大那些年的教学和研究生涯，这样大家就能理解，为什么我会为了一些晦涩难懂的方程式而对身边的枪击案充耳不闻了。继粘性解以后，我开始着手做一项新的理论工作，那就是对量子物理学，尤其是核物理学上的一些问题进行数学分析。更确切地说，我要分析的是某些现象，比如原子裂变，也就是原子核分裂成碎片从而产生核能的链式反应过程。这次的研究与经济学或者管理学毫不相干。

我个人对物理学的兴趣将我引入了这一研究领域。一场相遇和友谊因此诞生，那就是我与丹尼尔·戈尼（Daniel Gogny），法国原子能署的物理学家的结识。在20世纪80年代初期，我们之间有一个小仪式。每星期我们都会抽出一个上午见面，在断断续续的物理讨论中寻找双方共同的兴趣点。起初，我主要担当倾听者，并从中受益匪浅。慢慢地，我们之间变成了双向交流。丹尼尔·戈尼很喜欢从一个擅长数学的人那儿就一些他和同事们陷入死胡同的问题听取意见；我也觉得，为了结束整个早上的活动，在附近一家越南馆子吃上一顿仪式性的午餐挺不赖，这能大大加强他的研究积极性。正是在这样的一次讨论中,在丹尼尔的引导下,我有幸迎来了人生的第二大发现:集中紧性原理。

严格地说,那不是一种理论,而是一种创新的分析方法。用它可以解决很多被称为"能量最小化"的问题。例如,在核物理学对原子核的有效研究方法中,组成原子核的中子和质子既可以形成稳定的核,也可以与之相反,根据能量平衡的优先选择(始终以最少能量为准)分裂为两组(核裂变)。用量子力学的数学模型理解这些现象已经成了我的目标。在核物理学中,物体(这里指粒子)在欢快的混乱中抖动、破碎、毁坏,看上去乱七八糟。能量最小化的挑战就是精准地对这种难以辨识的能量火花进行建模,从而获得清晰易懂的图像。印度裔美国数学专家斯里尼瓦·瓦拉丹(Srinivasa Varadhan)为此提供了大量概率学上的帮助。我开发了一种分析这些现象的新方法——对这些粒子束的可能行为进行分类,并就三种可能性进行数学表达:这些粒子束要么是完全分散的,要么是单个的或者两两彼此远离!显然,我的发现相当于打造了一副眼镜,戴着它可以观察这些模型里正在发生的事,从而对物理学家的数字实验进行补充。

集中紧性原理的应用比它在宣传推广中所提及的范围要广得多。它在一些数学领域很有用，但最重要的是，它在许多物理学家关注的具体问题上展现了十足的应用前景。这一原理可以用数学方法解决其中一些问题，并对模型进行分析评判。它还能增强计算机仿真理论的可信度，从而减少人们对这一理论的复议，甚至质疑。

1983年，我以自己的名义发表了关于集中紧性原理的研究成果。我曾提议与斯里尼瓦·瓦拉丹联合发表这一成果，并在出版时加上他的名字，因为事实证明，他的帮助是决定性的。但他谦虚地拒绝了。他的概率数学方法为研究的起步带来了光芒。两个不同的理论领域又一次结合，从而打开了通往真理的一丝罅隙，使我得以愉悦地沉浸其间。

粘性解是基于将流体力学应用到优化问题上的推理。这一次，我用概率数学的方法解决了在物理学上遇到的一个难题。这种从另一个看似没什么直接联系的角度切入某一理论领域的方法，是我大部分重要发现的基础。它也证明了，数学领域就像其他科学领域一样，合作、团队、开放性思维是不可或缺的。如果说在大多数情况下，一切都源于某种我所追寻但却不知所终的直觉，那么这种直觉往往是我在与某位同事——要么是数学家，要么是另一学科的学者——的讨论中萌生的。我对团队合作的兴趣绝不仅仅是出于让日常生活更开心的突发奇想。应该说，团队合作最重要的作用在于它能成为好主意的催化剂。

被授予菲尔兹奖以前，我的第三大理论阵营主要涉及玻尔兹曼方程。路德维希·玻尔兹曼（Ludwig Boltzmann）是19世纪的奥地利物理学家，在流体力学、电学、声学和热力学等方面都做出了巨大的理论贡献。在他眼里，与物体运动建模直接或间接有关的一切——无论是气体、波，还是更普遍的各种原子级粒子都值得关注。玻尔兹曼在流体力学方面的工作主要针对空气在稀薄情况下的运动，高海拔空气就是典型的例子。

在高海拔环境下，氧气等气体的密度比在陆地上时小得多。正是因为这样，我们在高山上才会感到呼吸如此困难。牛顿的经典流体力学在这种情况下无法适用，同样，纳维-斯托克斯方程尽管能够出色地描述一万米高空中飞机周围的空气运动，但当海拔上升到两万五千米或更高时就显得无能为力了。空气在那里实在过于稀薄，几乎可以说是不存在的。

继麦克斯韦之后，玻尔兹曼将为这一主题带来革命性的改变。他当时肯定无法知晓，自己的想法在一个世纪后会产生多么重大的意义：如果不能准确地模拟稀薄大气环境下空气和物体的运动，我们就无法对火箭、航天飞机，甚至国际空间站的行为作出预测！玻尔兹曼面对的挑战是要用一个方程式、一个理论来描述在如此特殊的环境下气体的分子会如何相互碰撞。事实证明他成功了，他开发的数学公式蕴含着时间上的意义，不同于牛顿，这使得所描述的物理现象不可逆转。如此新颖的学说在学术界可谓引发了一场地震，因为现象的可逆转性一直被认为是理所当然的。在论战中，玻尔兹曼遭到了千夫所指，强加给他的人身攻击无疑使他心力交瘁，最终导致他自杀。

玻尔兹曼开发的方程可谓一项科学壮举，日后，人们以他的名字为其命名。但就像流体力学中的常见情况一样，这项壮举仅仅拉开了历史的序章。说到底，玻尔兹曼方程只是一个通用模型，它以不同的方式展开变化，具体取决于它所描述的气体和环境的交互作用。简言之，这无疑又是一个非线性方程，而人们对它的解法还停留在似懂非懂的阶段。和以前一样，留给数学家的工作是要更好地理解该方程的解法，这样我们才能优化它的具体应用，例如航天飞机。

大家都知道，美国和苏联在航天领域曾遥遥领先于欧洲，直到阿丽亚娜计划问世，欧洲才逐渐拥有了世界最先进的运载火箭之一。然而，当美国人和苏联人已经拥有了自己的航天飞机时，欧洲依然赤手空拳。为了缩短这一差距，法国于1975年启动了"赫尔墨斯航天飞机计划"，并很快得到了其他欧洲国家的支持。这一计划旨在建造一架由阿丽亚娜火箭搭载的载人飞船，其长期目标是要在未来与一座名为"哥伦布"的欧洲空间站接轨。

这一项目的诞生再次点燃了欧洲科学家对玻尔兹曼方程的兴趣。不过，他们面临的技术难点众多，其中之一在于航天飞机未来重返地球时能否承受穿越大气层时的高温，从而保证结构上的完整。如何预测这一高温，如何计算绝热材料（著名的防热瓦）的尺寸，就连美国宇航局（NASA）也无法准确作答。人们只得直接求助于玻尔兹曼和他的方程，但除了该方程固有的难点和我们对它实在知之甚少以外，飞机返航的再入过程还关系到从稀薄大气层向稠密大气层的过渡，换句话说，它涵盖了玻尔兹曼和纳维-斯托克斯两个方程——对此，玻尔兹曼同样有过一些研究。

就像粘性解和集中紧性原理一样，上述问题又一次照亮了一个全新的科研领域，对我而言它宛如一场邂逅，其中不乏命运的一点小小眷顾。20世纪80年代末，我除了做教师-研究员，还在法国原子能署（丹尼尔·戈尼的主管机构）和高师挂职。当年，自然科学专业的学生可以在国防部下属的科研机构服兵役，那些学生中的两个人希望进入原子能署的军事事务司（DAM）工作，其中之一是我的博士生。在征求了我的意见后，部门主管指派他们去搞中子物理学研究，那是物理学的一个分支，主要关注比如核反应堆中产生的各种微观现象。说起来，我们的新兵真是上好的人选！他们只花了几周时间就发现了亮点所在，我也立即给予关注，帮他们就其发现背后隐藏的数学原理进行了规范化的调整。随后，我们撰写并发表论文，阐述了与之有关的种种内容。

6个月过去了。一次去拜访罗恩，也就是罗纳尔多·迪·皮尔纳（Ronald Di Perna）时，我又想起了这件事。我与罗恩在几年前麦迪逊中心举行的一场数学大会上相识,他是一名美国数学家,在著名的加州大学伯克利分校担任教授。和迈克·克兰德尔、斯里尼瓦·瓦拉丹一样,他比我年长,我们从未以具体的方式展开过合作,但罗恩却觉得我应该能就一些困扰他的问题提出些有趣的点子。于是,他邀请我到伯克利分校进行为期一个月的访问,并安排我住进了位于这一著名校区核心地带的那栋富丽堂皇的大学宾馆。我永远无法抗拒来自加州的邀请:阳光、大海、温和的气候、绿油油的植被……像我这样的地中海人很快就会萌生出宾至如归的感觉。

我第一时间和罗恩分享了我们最近在中子物理学上的发现。凭我一直深信不疑的直觉,我感到它所包含的数学原理会帮我们推进对玻尔兹曼方程的解读。这里使用"直觉"一词并不过分。当年的我对那个方程只是一知半解,甚至需要费尽九牛二虎之力才能把它正确地写出来!我明白它的意思,但这显然不是我所擅长的数学领域。不过,事情就是这样——我能觉察到,那里有什么值得挖掘的东西。机缘巧合,罗恩也对这个方程式感兴趣,更加凑巧的是,他关于这个问题的粗略想法为我提供了完美的补充。

在两周的时间里，我们无间断地展开推导，在涂满了几十块黑板和许多页纸后终于得出了一个清晰而完整的论证。这一发现除了要归功于直觉、偶然、运气和必不可少的一点工作，还应该感谢时代的潮流。赫尔墨斯计划重新唤起了人们对玻尔兹曼方程的兴趣，而这恰恰与我对数学的看法相辅相成。我这个人从来都没把数学当成一件"艺术品"：除了游戏的乐趣，我的动机一直是攻克那些陷入僵局的难题，使其解法能够在现实生活中得到具体的应用。

我们关于玻尔兹曼方程的研究成果于1989年首次在期刊上发表，在获得菲尔茨奖以前，它无疑是粘性解以外我对数学领域最突出的贡献（至少对古典数学家而言是这样）。文章刚一发表就引起了很大轰动。对玻尔兹曼方程的解读作为一个数学问题由来已久，以致它自身就代表了一个研究体系。无论过去还是现在，世界各地的团队都殚精竭虑地对此展开研讨，其中甚至包括我们这两个"外星人"！我们有幸抓住了这一已被深耕细作但依然高深莫测的难解之谜，在极短的时间里取得了有效的进展，终于为同行做出了一点小小的贡献。除了玻尔兹曼方程，我们的观点还适用于其他经典数学问题，学术界对此议论风生，其中之一后来被称为"迪·皮尔纳-利翁理论"——已经不再与玻尔兹曼方程有明显的联系。罗恩和我对用我们两人的名字为理论命名没有任何决策权，是学术界在年复一年中决定了这样的称谓，估计是因为这样叫起来更简单。如果说当年的我对这一殊荣表现得漠不关心，那么今天，我很庆幸罗恩的名字没有被人遗忘：他年仅41岁就因罹患癌症而突然离世，这一悲剧距离我们为工作收尾仅仅过了几个月……

粘性解、集中紧性原理、玻尔兹曼方程，这三项我在职业生涯前15年里取得的成就构成了1994年授予我菲尔茨奖的理论基础。

到目前为止，本书已经详细介绍了数学在日常生活中的作用，还有相对于人们的臆想，它那更加朴实无华且脚踏实地的一面。我已就这些应用的例子做过简要描述，现在是时候去深入了解一些细节了。

归根结底，尽管粘性解的概念一经阐明就能被所有人接受，但它貌似无法为人们每一天的平凡日子帮上忙。——事实绝非如此！多年以来，我围绕着粘性解囊括的一项十分具体的先进技术展开工作，那就是数字图像（今天大多数的照片自然也包含在内）的处理。这没什么令人称奇的地方，因为一旦我们采用数字算法（即计算机指令）来处理一组信息，数学就会显现出极大的实用性。它能提高算法的效率和理解力，进而确保程序忠实地执行我们期望的操作，且只执行这一操作。不过必须指出，数字图像只是一系列数据的集合，在这种情况下它体现为一个像素阵列，其中每一个像素都是由数字组成的。

以一幅黑白图像为例。每一个像素（即图像上的一小块正方形）都含有一个等级的灰度，它与一个数字相对应，其中包括最暗的黑色和最亮的白色。现在，让我们试着来对这个像素进行数字处理。我们可以清洗它或改变其对比度，但这种操作会引发一系列连锁反应，进而改变像素的整体质量、灰度、亮度，而这些属性本来是不应该被图像处理所波及的。一种"附带性损坏"在处理的过程中产生，而数学——尤其是粘性解在一定程度上是能够避免这种图像处理缺陷的。融入了粘性解后，处理技术不仅可以顺利地完成工作，而且能够最大限度地保护原始图像的质量及属性：它能够识别处理内容的"本质",将处理集中在这一点上,进而有效地排除副作用,因为粘性解的优势恰恰在于能够帮助人们更好地控制各种操作行为。

鉴于其良好的应用前景,在巴黎九大,一个小小的图像处理小组在让-米歇尔·莫莱(Jean-Michel Morel)的带领下建立起来,我自然也积极地参与其中。我们研究的应用场景中含有一个非常具体的实例——图像去噪,这可以说对于所有数码相机的持有者都是利益攸关的。"噪点"在成像技术中指一幅图像的失真效果,它的成因很多,比如电子噪声、阴影、过度曝光,以及运动造成的模糊等等。它最常见的表现是像素的过大化或某种人为的模糊效果,图像的质量和细节因此丢失,熟悉胶卷相机的人在增加胶片灵敏度时应该见过同样的现象:相机确实捕捉到了更多光线,但底片的质量会遭到损害;一种颗粒在底片上出现,感光度越高,颗粒就越明显。

如今,大多数现代相机和修图软件都配备了降噪功能,但它们不仅效果欠佳,还会改变图像的其他属性(例如颜色)。可喜的是,我们小组开发的算法使这一问题得到了显著改善,它能在不损害图像其余属性的情况下有效恢复原始图像的细节，后来，这一工作甚至引起了许多企业家的注目。

除了工业化应用以外，当年我还经常受邀以专家的身份参与一些工业项目，其中之一由法国拉加代尔集团（Lagardère）主持——就是那个媒体和体育界的行业巨头，其主要业务是在足球场周围或环法自行车比赛等赛事沿途的电子屏上自动嵌入广告。得益于数字嵌入技术，广告牌成功实现了对转播体育赛事的国家各大赞助商的大力宣传。

拉加代尔集团认为我们的算法至少在理论上十分出色，于是决定在相关市场上放手一搏。遗憾的是，进入实施环节后的项目遇到了意想不到的困难，举例来说，足球或自行车运动员一旦经过以数字方式进行切换的大屏幕，上面就会产生一个研发团队无法消除的"障碍物"。我受委托就此进行评估，最终不得不证实，这种障碍物的出现属于科学或技术上的瓶颈，而在那个年代，人们对此毫无办法……我同样很懊悔没有事先进行可行性研究，这一分析无疑给项目泼了一盆冷水——要知道，集团的决策者可是为此投了大钱啊！

后来，我又为法国经济的另一大龙头企业欧莱雅集团做过图像处理方面的顾问。当时，欧莱雅提出了一个颇具创新性的思路：开发一个计算机系统，使人们可以在一张照片上以虚拟的方式化妆。这让人们无须购买产品试用装，甚至不必去商场，就可以对涂了某种口红或睫毛膏后的效果有个一目了然的印象。其中的经济利害关系自然十分重大，这个化妆品巨头将项目转包给了一家专门从事数字化流程的以色列小公司，我则受聘对已经开展的工作进行"审查"，将其与其他国家的系统开发商进行对比，最终目的是要确认接受评估的以色列团队有能力完成项目，且不存在更有力的竞争者。考虑到集团投入的资金，我的观点因其中立性和严格的科学性具有相当重要的意义。经过一番评估后，我为项目开了绿灯：我证实，集团选定的分包商可以满足全部科学上的以及技术上的标准，竞争者中确实无人能出其右。

图像处理蕴含着丰富的市场资源，我和巴黎九大那所"迷你实验室"的同事们很快便开始考虑成立一家经营此类业务的初创公司。然而，当年在法国设立这类企业的条件远不如今天灵活，这让我们不得不为许多行政、财务问题伤透了脑筋。与此同时，美国的数学家朋友们已成功创建了一家类似于我们设想的初创企业（科研人员创业在美国一直非常普遍),那家小公司的总部设在圣莫尼卡(Santa Monica),就在洛杉矶郊外。

由于在技术创新方面大有前景,美国科研人员的小生意能亨受美国国防部(DOD)的财政补贴——这种补贴往往伪装成合同进行下放,在美国技术领域里可谓一种常见的小伎俩。不过,出任那些公司领导的美国同事很快便邀我们(作为顾问)为其项目提供协助,我因此常常对他们做些短期的工作访问。

其中的一次发生在1992年4月底。就在我造访的那几天里,洛杉矶经历了为期3天异常猛烈的城市暴乱:一个名叫罗德尼·金(Rodney King)的黑人青年开着汽车在一次交通检查中遭到警察殴打,路人拍下了那一幕,相关场面实在令人发指,很快便传遍了世界。令所有人惊讶的是,4名被控殴打、致人受伤的警察竟然被无罪释放,随着罗德尼·金事件的收场,大多数非裔美国人居住的南部社区彻底愤怒了。法院的裁决无疑引爆了火药,而警察对黑人社区重复地滥用暴力也被视为国家种族主义行为。在这一背景下,美国历史上罕见的打砸抢事件爆发了。

我到洛杉矶拜访美国同事时,那里正被一种城市游击战的氛围所笼罩。出于安全上的考虑，我到达后的前两天不得不把自己锁在酒店的房间里。商人、司机、普通的路人……无论你是谁，只要是白人、亚裔——甚至某些情况下是拉美人，都可能遭到暴力！商户自危机肇始便付出了惨重的代价，他们不仅遭到大规模的劫掠，有时，被洗劫一空的店铺还会让人烧个干净。

暴乱的第三天，国民警卫队开着坦克来驰援警察，这在一定程度上恢复了社会秩序，但形势并不十分稳定。同事们多少松了口气，于是带我到初创公司的办公室讨论一些正在进行的项目。当晚，尽管街道上依旧火药味十足，公司老板列昂尼德——别名"列尼"，一位乌克兰裔的计算机工程师，有着铁砧一般的体格和俄罗斯雇佣兵似的外貌——还是决定邀请我和他的女友到饭馆共进晚餐。

来酒店接我时，这位老板开着他全新的保时捷。看得出来，那是一个成功"大男孩"的一点小乐趣。但在天使之城地狱般的堵车中，我们的德国赛车不得不一再减速，硕大的发动机像打嗝一样地哼哼着，直到最终在一家墨西哥餐馆门前停了下来。这家馆子由同一家族的几个成员共同经营，列尼是这里的常客，走进大厅时，一张桌子已经为我们预留好，但里面除了几名女招待，几乎空无一人。列尼有些担心地询问家族的其他成员在哪儿，服务员则带着一丝尴尬的微笑回答："他们没在大厅，现在正在楼上的窗边端着枪呢。"

面对猖獗的抢劫，警察害怕火上浇油招致报复，从而显得颇为被动。在这样的形势下，该市赤手空拳的商户开始一点点武装起来，旨在利用美国灵活的枪支管理条例自行保护各自的生意。尽管我一直很镇定，但听说餐厅经理就在楼上，正准备向任何潜在的入侵者开火时，还是吓了一跳。后来，在我们被安排入座时，枪声在门外响起来，一些客人立即陷入了短暂而强烈的恐慌。列尼处于一种绝对的紧张状态下，不过这倒不是为了他本人或女伴的安危——他怕自己的保时捷被砸个稀巴烂！至于我呢？应该说，相对于恐惧我更感到震惊。我那冷静的性情使我在面对危险时自然而然地反应迟钝，也许这是源于儿童时代父亲强加给我的那些"夜间花园行动"，总之，我不容易产生恐惧，即便客观地讲，当时的情形的确可能危及生命或至少让人提心吊胆。

最终，53人在骚乱中丧生，其中35人死于交火。但这则轶事还只是故事的开始，几周以后，列尼告诉我他的公司接到了洛杉矶检察官办公室的调查委托。骚乱结束后，各种调查纷纷展开，其中的一项曾经撼动了舆论，从此成为备受关注的话题：调查所涉事件发生在冲突的第一天，当时，聚集在十字路口的暴徒向偶然经过的司机扔石头，其中一小群人涌向了一辆停在红灯前的卡车，把司机从驾驶室里强行拖出，痛打一顿后扔在马路上等死。受害者是一位36岁的男子，他最终得以幸存，却留下了严重的神经损伤，至今无法像常人一样说话或行走。美国电视台的直升机现场直播了这一暴力场面，它迅速变成这种盲目而无法收拾的无差别报复的标志，尽管当事人的心情可以理解。

委托给我那位乌克兰同事及其公司的任务就是要识别出这一暴行的肇事者。洛杉矶的司法当局锁定了几个头号嫌疑人，但苦于缺乏证据无法提起诉讼。他们希望美国电视台拍到的画面有助于将罪犯绳之以法，不过，地方电视台那架直升机拍到的图片极其模糊，调查人员只得将其放大，这个过程中，原始图像的细节和质量又一次遭到了损坏……数字处理技术是有望恢复一些细节的唯一方法，这些细节的背后或许隐藏着什么混淆视听的特点，使嫌疑人难以确认。

法美联合小组迅速展开了工作。具体来说，我们要对检方提供的模糊图像进行清理，去除不需要的寄生噪点，进而突出调查中可能用到的最小细节。这一努力很快得到了回报：我们的图像处理算法成功还原了行凶者胳膊上的一块刺青，当事人名叫达米安·威廉斯（Damian Williams），19岁，这个人不仅是司机事件的众多凶手之一，事实上，他早就因为多次暴力和虐待行为被调查人员盯上了！几天后，威廉斯因这一发现而被捕，检察官办公室则对我们表示了热烈的祝贺。

案件于1993年5月12日开庭审理，有刺青的凶手和另外3名嫌犯一起出庭，数以万计的美国人都密切关注着事件的发展。列尼也在诉讼环节出庭作证，并为我们的工作质量进行了辩护——它对威廉斯的起诉有着举足轻重的作用。最终，法院认定4名袭击者有罪，并对他们处以重刑。达米安·威廉斯被判10年监禁且不得假释，是几个凶手里获刑最重的一个。

在上诉中，威廉斯的律师一直否认他的委托人到过行凶现场，他还宣称，我们那种创新性的处理方法作为证据尚不充分，诉讼可能因此陷入两难之地。法官们对这一不同寻常的技术感到相当困惑，于是要求我直接作证以答复他们的问询：如何能够确认，这种被我们的技术识别为刺青的图案不是图像处理本身造成的呢？我则同意提交一份书面证词，其中概述了相关使用方法，结论是——即使图像处理能删除一些数据，它也绝无可能在任何情况下创造出新的来。根据上诉程序的规定，案件后来被提交到加州最高法院。最终，加州司法系统的最高权力机构对我们的工作给予了决定性的认可。法院指出，案件中使用的处理技术是基于数学推理，因此完全可以接受。不得不说，我本人恐怕无法亲口讲出同样的话，但这话真是道出了我的心声。

您看，数学就是这样帮助解决了20世纪90年代美国最引人注目的一大事件，这样的经历对于当年那个还在写论文的我可是完全无法想象的。

10

通向领奖台的三个台阶

对于把职业生涯奉献给数学的人来说，获得菲尔茨奖这一享有盛誉的国际大奖自然会被当成一项了不起的成就。我的情况却不是那样的。这里请允许我重申，这绝非故作谦虚，而是出于一种发自内心的情感。它基于一个简单的事实：菲尔茨奖从不授予40岁以上的人。别问我为什么，我也是一头雾水。应该说，自从该奖项在其创始人——加拿大数学家约翰·菲尔茨（John Fields）的意愿下设立以来，情况一直如此。

从那以后，接受这一奖项便只有两种含义：或者，数学家在40岁时结束自己的职业生涯——这种情况下它的确可谓一大人生成就，但同时也说明数学家差不多该退休了；或者，我们可以将其看成一大鼓励奖，旨在督促获奖者奋发图强,继续自己的研究事业。鉴于我无意在38岁退休,从此在钓鱼一类消遣中休闲度日,我把该奖项所蕴含的信息当作中学成绩单上的大多数批语:"干得好,继续努力!"

菲尔兹奖一直被科学界和媒体视为数学领域的诺贝尔奖。瑞典化学家阿尔弗雷德·诺贝尔(Alfred Nobel)在其遗嘱中设立了诺贝尔奖这一著名奖项,旨在补偿那些可能"为人类做出杰出贡献"的伟大发明。然而,这个奖项中有一项明显的纰漏引人注目,那就是数学这一学科竟然不在获奖范围之中……为什么他故意要把数学逼入死胡同?相关猜测产生的谣言可谓不胜枚举,甚至有人说,那是因为他的妻子与一位瑞典数学家有不正当关系。

当然,这样的说法忽略了一点,那就是诺贝尔本人从未结过婚。事实上,他有一位亲密的敌人——一个伟大的瑞典数学家,或许诺贝尔仅仅是害怕如果数学也在候选学科当中,那么这个人可能会获奖!但无论原因到底是什么,正是为了纠正这种不公正,约翰·菲尔兹于1923年以自己的名义设立了这一奖项,并于1936年进行了首次颁奖。

然而，尽管在声望上确实能与诺贝尔奖相提并论，菲尔兹奖的颁发标准却与瑞典科学院不尽相同。区别之一在于，它每4年颁发一次——这一点尤为重要；其次，就像前文提到过的，它只授予年龄不超过40岁的获奖者。综合考虑上述两个特点，所有向往这一奖项的人都对一件事心知肚明：没有人能十次搭上菲尔兹奖的列车。授奖仪式四年一度，每次都于不同城市召开的国际数学家大会上举行，获奖者由评审委员会提名，该委员会的成员中除了业内各国知名人士，还有来自世界各地的专家。最终，当选人能够幸运地得到一张1.5万加元（略高于1万欧元）的支票，这与诺贝尔奖得主高达75万欧元的奖金形成了鲜明对比。

一个人要想从众多被提名的幸运儿中脱颖而出，首先要看他获得过哪些殊荣。我已成功斩获了一些奖项，它们当中的一些可谓闻名遐迩，例如法国电气公司安培奖（Prix Ampère），该奖项是由法兰西科学院专门授予数学或物理研究人员的。我那与日俱增的名声还体现在日益频繁的研讨会或演讲邀请上，有时我甚至会到著名大学进行系列讲座。

各种聘用邀请也标志着我的职业生涯蒸蒸日上。在获奖前的几年里，普林斯顿高等研究院（Institute for Advanced Study）曾经联系过我，它位于新泽西州普林斯顿附近，是世界（至少是美国）公认的最负盛名的科研机构。该研究所的老员工中有一些20世纪最杰出的人物，比如冯·诺伊曼（Von Neumann），还有那个叫阿尔伯特·爱因斯坦的人。那份聘书甚至附有以下留言："您不必全年留在普林斯顿，最多5~6个月即可。"不过，尽管这份工作很有声望，薪水也很诱人，我最终还是拒绝了。我喜欢法国，在两个国家之间跑来跑去肯定无法让我过上正常的日子，何况我还想看着儿子长大成人呢。而且说到在普林斯顿生活……坦白地讲，为了挣大钱而把自己锁在一个内陆城市，可不是我这个地中海人向往的人生！

候选人要想在菲尔茨奖评委手握的名单中脱颖而出，还要看他是否受邀在国际数学家大会上进行过发言。这是另一个重要指标。应该说只有数学界的名人才有可能接受这样的邀请——不过，就算拿到那张请柬也保证不了什么。1982年，我第一次受邀在华沙举行的国际数学家大会上进行了这样的演讲（大会其实是在1983年举行的）。后来，大会于1990年在京都召开，我再次受邀参加，与数学界的同仁分享了自己的定理。那一年我34岁，虽说我并不是太介意，但京都大会可以说是让我获得这一著名奖项的最后机会了。

演讲结束时，彼得·拉克斯（Peter Lax）面带微笑地走了过来。这位匈牙利裔美国人是偏微分方程领域的专家，也是我们学科的一位知名人物。他深受所有人的爱戴，我更是如此，一直把彼得当成自己的榜样。他年仅18岁就参与了为美国开发原子弹的"曼哈顿计划"。此外，他还是其同胞冯·诺伊曼的学生，后者是20世纪最杰出的数学家之一——哪怕不是最伟大的那一个。那一年，彼得·拉克斯是菲尔茨奖评审团的成员。他走过来，私下里和我讲了几句知心话：

"你的工作干得很出色。我想让你知道，你的名字已经在菲尔茨奖的最终候选人名单里了。你是我推荐的，我一直在努力促成让你得奖，但这次没有成功。不过我想4年后你应该很有希望。"

如果我说自己对这一消息无动于衷，那绝对是在撒谎。彼得·拉克斯不仅是他那一代人里最受尊敬的数学家之一，还是我博士论文答辩的评委。从那时起，我们之间的联系就远远超越了学术界的社交活动或同行间的阿谀奉承。他之所以专门跑来向我交底，是因为这件事他们确实认真地讨论过，毋庸置疑。

不过，我却远远没有因为得知这一消息而感到高兴。原因在于，从此我要作为"下届菲尔茨奖得主"活着，4年后要么见证自己的荣耀时刻，要么看着获奖机会化为泡影……我之前讲过自己干这一行从来都不是为了沽名钓誉，我对研究课题的取舍更与名利无关——尽管如此，一旦脑海里被打上"我有可能获得菲尔茨奖"这样的烙印，任何人都别指望能够置若罔闻。顺带一提，我也认识一些以为自己会得奖的数学家，有一天希望落空时，他们真的备受煎熬。

不能让这一倒计时糟蹋自己的生活。为此，我做了一个激进的决定：决不想它！更确切地说，是我强迫自己不去想这件事，哪怕是在早上刮胡子的时候。这听起来似乎不算什么，但却需要我们付出极大的决心和毅力，可谓是对意志的一大锻炼。事实证明，这是个行之有效的法子。哪怕到了今天，我也常常为一天里发生的烦心事而辗转反侧、难以入眠。对此，我的治疗方法是唤起一些积极向上且令人欣慰的画面，从而清除任何可能占据大脑的负面情感。通常情况下，这种心理锻炼成效斐然，用不了5分钟我就会不知不觉地安然入睡。当然，可能不是每个人都能幸运地以这种方式控制自己的大脑，这里又要感谢我那种高度集中精神的能力，这种接近冥想的状态不仅在解方程时让我得以全身心地投入计算，它在精神放松方面给我的帮助也是弥足珍贵的。

通过上述方法，我还把那"该死的"菲尔兹奖驱逐出了脑海！

第一步，我告诉自己这样的荣誉毫无意义——它没有任何实际价值，不过是让获奖者自我陶醉。这么想的好处在于，一旦我们认定一件事是无关紧要的，就很容易从它的纠缠中抽身出来。此外，我发自内心地觉得哪怕只是偶尔想起这个奖，我那宝贵的睡眠时间和顺利开展项目所需的平静也会遭到破坏。当然，也许这种拒绝的反应中还隐藏着某种我不敢承认的迷信思想：对我而言，忘记这个奖或许才是最好的获奖方式……

距离下次颁奖的等待时间其实不是4年，而是3年半。评委会在颁奖典礼前6个月左右通知未来的获奖者。在此期间我可是一点儿都没有闲着。继京都国际数学家大会之后，我在工作上继续深耕细作，虽然没有提出新的理论，但却努力使自己的研究变得扎实。回首往事，我意识到自己在研究某个课题时往往重复同样一种模式：首先我需要打开一扇门，然后才是完成内部的工程及装饰。后面的这些其实是工作上的大头——这可能与人们的想象相反。在这两道工序中，打开门锁靠的是直觉、经验、方法上的创新，当然还有运气。彼得·拉克斯有一次曾这样评价我："如果有运气帮忙，这个人能干大事。"这绝不是什么固定说法，运气确实是不可或缺的。

相比之下，我这三年半的工作并不是以打开一扇新的大门为目的，而是要对已经打开的房间内部的装饰进行打磨。这种实质性的工作或许没有那么引人注目，但其实要求更高。毫不羞愧地说，我撰写了大量的论文，而它们为围绕着我的主题展开研究的国际学界做出了重要贡献。简言之，我做了许多工作，而且就像体育评论员说的那样——"球进得漂亮"。回想起来，我想说如果菲尔兹奖对于我确实是实至名归，那也是对我自博士论文答辩以来整个职业生涯的奖励，而不仅仅是最后这些年提出的创新性内容。

1994年2月的一个晚上，那个让我期待已久的电话终于打进来了。我那天正好在家，就在巴黎。固定电话安装在我家的走廊尽头，拿起听筒时，已经是晚上10点钟。我那时刚刚吃过晚饭，从逻辑上讲，只有家人或朋友才会在这个时间打来电话。不过这次我猜错了——听筒的另一头是雅各布·帕里斯（Jacob Palis），一位巴西数学家，讲法语，而且十分喜爱法国。我和他很熟，曾受邀拜访过他在里约热内卢的研究所，那里可谓新世界乃至全世界最著名的研究所之一。我说不清雅各布·帕里斯当年到底有多大，但在我的印象里他一直是白发苍苍的。值得一提的是，他不仅是数学界的权威人士，还是一个和蔼可亲、热情洋溢的人。

一通寒暄之后，我们以友好的语气直截了当地展开了对话——

"恭喜你，皮埃尔-路易，你要被授予菲尔茨奖了！"

"真的吗？太棒了！这真是个好消息。"

"这是你应得的，我为你高兴。别忘了你得在大会上做个演讲，就在颁奖典礼期间。"

"好，我记下来了。谢谢！"

电话挂断了。我不能说自己心如止水，但还是觉得刚才是在强装高兴。事实上，我感觉自己就像被麻醉了似的，内心毫无波澜，甚至没有感到兴奋的战栗。要知道，为了把这个折磨人的奖项驱逐出脑海，我可是花了4年，每天暗示自己它毫无特别之处，终于打造了一个密不透风的防护罩，使自己免于琢磨这个奖和它的名声。看来这种调节工作成效显著，以至于从中摆脱出来并不像打个响指那么简单。

当把这个消息告诉我儿子的母亲时，我开始逐渐意识到这一奖励的意义。她的回答类似于"真不错，祝贺你"，之后没再多说什么便继续埋头工作了。看起来她似乎并不比我更激动……直到后来给父母打电话时，我才听到了那种响亮的、发自内心的快乐声音。

我父亲第一个接了电话——

"你知道吗，爸爸，我刚接到雅各布·帕里斯的电话，他说……"

"太好了！真好！棒极了！"

他立即明白了这意味着什么。父亲那温暖的声音焐热了我的内心，进而粉碎了我的铠甲。我虽谈不上欣喜若狂，但确实被一种纯粹而深沉的幸福感攫住了。——我感到幸福。非常幸福！和我一样，父亲性格腼腆，一向不太善于表达自己的情感；我深知他其实真的很爱我，所以从没为此感到伤心难过。何苦要他每天早上都对我重复一遍"我爱你"呢?那天晚上,我事先就知道他不会为了夸我而说什么"儿子,我为你自豪",但我明白,他那真挚而强烈的喜悦是语言难以表达的。

一经萌发,这种强烈的幸福感在一周之内一直如影随形。那可谓是一种真实而内敛的幸福,因为直到官方宣告之前,我不能与家庭成员以外的人分享这一消息。不过,兴奋感在接下来的几周里很快便回落了。我在圣巴巴拉和朋友兼合作者迈克·克兰德尔一起度过了7月,在行程结束的那天终于把这个好消息告诉了他。迈克看上去十分高兴,这也是我唯一的一次违反保密法则。在那之后,我只是偶尔为了一点儿回味的乐趣——就像人们在两餐之间享用一块巧克力一样——让自己回想起这件事,但这种个人的小仪式也没能持续多久。6个月以后,国际数学家大会和颁奖典礼已近在咫尺,哪怕我不再否认这一奖项所代表的殊荣,它在我心里也只占据一小块了。

1994年8月3日至11日,国际数学家大会在苏黎世召开。就在大会开幕的前一天,妻子和儿子在征得我的同意后去科西嘉旅行了。我告诉他们没必要为了"这点小事"而放弃去那个美丽小岛度假的梦想,一旦各种社交活动结束，我也无意久留、会尽快过去与他们相聚。

这场世界上最大规模的数学家大会应该有两千多人参加，刚到会场，我就用肉眼确认了人员基本到齐。那天，这座瑞士城市的会议中心可谓济济一堂，按照规矩，大会通过颁奖典礼拉开序幕，仿佛要从一开始就把各种烦文琐事一网打尽，好让人们能尽快聆听那些晦涩难懂的理论演讲。不过，请不要认为我的这种说法里有任何贬义成分：出于历史原因，国际数学家大会自1897年第一次召开以来，一直更加强调基础理论方面的研究，而不是应用数学。有鉴于此，我可以说是获奖者里第一个在应用数学领域有所建树的人。

开幕仪式的致辞开始了。我就坐在大厅里邻近讲台的地方，等着人们叫我的名字。演讲台上各界名流轮番登场，先是一位瑞士政府代表，之后是国际数学联盟主席——雅克-路易·利翁！到了人生的这个阶段，这已不再是什么巧合了。父亲围绕着国际数学联盟的过往和将来进行了简要的发言，出于职责他无法宣布接下来要为我举行的颁奖仪式，不过，就算他试图做过一点暗示，我可能也没有留心。

我感到不是太舒服，就像在这种情况下经常发生的那样，我又把自己锁在了防护罩里。说来，我尤其害怕自己会做出什么蠢事——比如上台领奖时没注意脚下的三个台阶，结果在2000人的哄笑声中摔个狗啃泥……这种可能性着实让我感到焦虑。我甚至不能写点俏皮的演讲稿以求博人一乐，因为按照规定，获奖者是不会在这一环节进行发言的。看来，我只能对事情的发展听之任之，但我真的很不喜欢这种无法掌握局面的感觉。

接着，轮到颁奖委员会主席雅各布·帕里斯上台了。他的手里拿着一份获奖者名单，上面写有幸运儿的名字。事实上，每届国际数学家大会都会同时颁奖给几个人，一次最多奖励4名获奖者。我侧耳倾听以防错过自己的名字，不过，我的全部注意力都集中到了把自己与领奖台隔开的那三个台阶上。

第一个在座无虚席的大厅里响起的名字并不是我，而是让·布尔甘（Jean Bourgain），一位我很熟悉的比利时数学家。如果我乐意把自己比作一个"开门器"，那么，让可以说是那把专门用来撬保险箱的钻头。这么说是因为大多数数学家毕生都在寻找锁与锁之间的正确组合方式，但让没有这样的时间可以浪费——他的选择是直接撬锁！他能得奖我真的很高兴，作为一个天才的问题解决大师，他完全是当之无愧的。另一个获奖者是埃菲·杰曼诺夫（Efim Zelmanov），"群论"领域专家，那是代数的一个分支，我对此实在一窍不通……不过，据说这位移民到美国的俄罗斯裔数学家拥有超越常人的罕见智慧，对这种说法我同样毫不怀疑。

第三个被念到的名字最让我兴奋——不是我，而是让-克里斯托夫·约科兹！我在路易大帝中学的哥们儿，巴黎高师的同窗，我的橄榄球队友，以及一起逃学、打电动弹子的小伙伴……总之，我的好朋友。从巴黎高师毕业后我们的职业道路就分开了。让-克里斯托夫先是挂靠巴黎综合理工大学、在法国国家科学研究中心搞研究，自1988年起又出任巴黎南奥赛大学（Université Paris-Sud d'Orsay）的教师-研究员。

从那时起，尽管我们因各自的职业和研究领域而有所疏远，但每一次的重聚都证实了那深深联系着我们两人的友谊仍然是完好无缺的。得奖以后，他于1996年率先进入了法兰西公学院。我在6年后也进入了那里，和他同室共事。这距离我们一起分享第一个笑话，一起在高中的长凳上磨坏短裤（或者应该说是牛仔裤）已经过了30年……2016年9月的一天，年仅59岁的让-克里斯托夫·约科兹突然去世，我经常会想起这位老朋友。

　　颁奖的规矩是按照获奖者姓名的字母顺序进行揭晓，所以我是继让·布尔甘后第二个被叫到名字的人。我站起身，目光一刻不离那三个台阶，它们看上去简直就像珠穆朗玛峰一样高耸险陡，以至于我每走一步都小心翼翼，十分谨慎地控制着下脚的力度，仿佛有人在台阶上涂了黄油。2.5秒后我已置身于领奖台上，为自己顺利完成了这一艰苦的攀登任务而如释重负。父亲依然站在那里，就在雅各布身后，当后者拿着我的奖章时，父亲笑容满面地注视着我。而我只是隐约地瞥见了他，由于台上不断地人来人往，我们的视线没能交汇在一起。此外，上台后我的注意力又集中到领取奖章所要迈出的五步上——之后，便可以真正地解脱了。

　　最后的1分钟弹指而过，我出色地走完了那极具风险的五步，终于握着雅各布的手，把奖章握在了手里。那一刻，我允许自己为成名而感到自豪与喜悦，那是我在人生中第二次这样想，当然，也是最后一次。

11

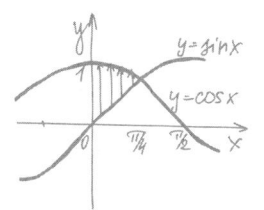

数学圈里的追星族

菲尔茨奖能改变一个人的生活吗？今天回首往事，我想可以做出这样的总结：多少有点儿。这种变化尤其体现在刚刚获奖的时候，之后随着时间的推移便会减少很多。起初，我为自己的工作得到数学界最高权威的认可而感到一种自私却真挚的快慰；而一旦这种感觉消散，获奖带给我的结果就只剩下一些强加于人的东西，它们有的时候挺好玩，有的时候很愚蠢……十分幸运的是，无论好坏，这些事都没有持续太久，这一点可以说至关重要。

颁奖仪式刚一结束，我们四人就被主办方叫到一起进行拍照。细心的读者可能会猜到，这种练习并不是太对我的胃口。主持大会开幕式的瑞士女部长主动站到了我们四个获奖者中间——说实话,我真的不明白这是为什么。她看上去满面春风,为自己备受关注而显得兴高采烈,但话说回来,她好像并不是应该被关注的焦点……

我只能强颜欢笑,但因为某些组织方面的问题,摄影环节一拖再拖,一些摄影师由于照片总是拍不好而要求我们来回补拍。我起初逆来顺受,后来慢慢变得焦躁起来,当看到那位女部长很乐意延长时间时终于彻底爆发了:"如果您愿意,可以独自留下来拍照。"这么说既是为了打破那一刻的严肃,也是为了发泄我的愤懑。其他获奖者听见我这样说都不由得噘起了嘴,但他们的表情看上去既尴尬又愉快。"嗯……抱歉",最终我嘟囔着含糊了一句,只是为了尽快结束这档子事。

之后的记者招待会也没有显得更加热闹。尽管知道那是一个必需的环节,我还是觉得自己是所有获奖者里最不合作的一个,不过,其他人看起来也没有比我表现得更热情。有一点一目了然,那就是我只提供最少的服务。出席会议的记者来自世界各地,但国籍的多样性似乎无法改善他们那千篇一律的问题:"您具体都研究些什么?"唉……来吧!现在我又得努力在30秒钟里向新闻媒体解释自己的研究课题，要知道，那可是有经验的数学家听一个多小时的演讲也未必能理解的东西啊……

在回答了10个这一类问题后，一位菲尔茨奖委员会的成员注意到我们被这样的问答弄得苦不堪言，便走过来向我们施以援手。他邀请记者援引详细介绍我们各自职业履历的新闻稿，在那之后，虽然同样的问题再次扑面而来，但大家总算找到了招架的法子——每个人都满足于把新闻稿里和自己有关的那一段读一遍。

当时没有手机，所以我并没有被卷入法国因为本国获奖者历史性地增加到两名而引发的连锁反应中。委员会以我们各自的名义设立了信箱，以便大家接受各种官方电报。接着，自颁奖典礼当晚，数十封贺电便发给了我和让-克里斯托夫，它们大多来自政界首脑，比如教育部长弗朗索瓦·贝鲁，或者反对派领袖雅克·希拉克。与此相反，时任共和国总统弗朗索瓦·密特朗那边却寂然不动……不得不说，这真令人吃惊。

在我看来，两个法国人在同一年获奖是一件客观上颇具说服力的事，它体现了法国在科学方面的影响力，我为此向委员会的一名法国成员转达了自己这一礼貌却真实的惊讶，两个小时后爱丽舍宫就给我发来了留言：

"我们自结果揭晓时便向您发了一份贺电，如果您没收到，我们可以再发一次。"说真的，这种打圆场的说法我可是一点儿都不信。密特朗是文科出身，就像许多法国政治家一样，无论是自然科学还是科学家他都毫无兴趣，以此类推，估计我们得奖的消息对他而言也只是如风过耳而已。

收到的信息里还有大量采访邀请，相关日程自第二天就在苏黎世展开——不过，那会儿我已经不在了。按照预定计划，我一大早就要搭飞往阿雅克肖的航班去见老婆和儿子，此外我已经拍了足够多的照片，握了足够多的手，还完成了其他各种礼节性的义务。我承认自己或许没能表现出更大的热情，尽管如此，我依然确信自己达到了奖项和礼仪强加给我的基本要求。

于是，留下来的让－克里斯托夫独自接受了法国电视一台（TF1）的采访，其他法国及法语媒体也纷纷动身前往瑞士，但他们大多对我望而却步，因为我离得实在太远了。在这些媒体中，《费加罗报》可谓是唯一的例外，这份报纸表现得非常积极，第一时间就派出了一组记者远赴科西嘉岛，他们撰写的报道附有一张照片，上面的我置身海滨、身着泳裤，正推着我那紧紧扒着冲浪板的小儿子在地中海的微波上玩耍——不用说，等我回学校上课时，这张照片又让我在巴黎九大的学生们快活了一阵子。

在烈日下与家人共度了3天假期后，我带着轻松的心情和晒黑的脸返回苏黎世做获奖演说。长久以来，在公共场合发言已不再让我感到什么压力，不过那天上台时，我还是被某种恐惧感攫住了。我感觉仿佛自己说出的每一个字都会被人抽丝剥茧、分析得入木三分，就像是要验证我确实配得上自己刚刚获得的荣誉一样。更糟糕的是，我的父母那天就坐在第一排，于是我只得努力自我克制，不过，一旦站在聚光灯下，怯场很快又消失于无形了。

我已经反复准备并排练过自己的发言，将细节全部一网打尽，同时摒除了各种小幽默（但也不是全部）和即兴发挥。我甚至在投影仪的透明纸上现场手写了些东西，以求讲解尽可能清晰明了，哪怕这样做使发言超出了规定时间。尽管如此，演讲的效果看上去相当好——说到底这些都无关紧要，只要看到洋溢在父母脸上的喜悦和自豪感，只要看到我平静地叙述时他们嘴角那一抹恬静的笑容，我的内心便充满幸福与满足。

回到苏黎世时,各种采访邀请纷至沓来,堆满了我的信箱,其中包括《科学与生活(青少年版)》(*Sciences et Vie Junior*)这类儿童杂志,甚至还有一些初高中的期刊。我从不抗拒与年轻人互动的乐趣,于是便答应了全部采访请求。此外,我还同意为主流媒体做一两次访谈——比如德国RTL电视台。那次的合作进行得很顺利,这让我大受鼓舞,进而缩短了一直刻意与媒体保持的距离。

就这样,几周后我和让-克里斯托夫来到了法国国际广播电台(France Inter)的演播室。那位主持人一定是觉得自己才华横溢、时尚而诙谐,言辞间一直透着一股可憎的无礼与轻蔑。"两位能用好玩儿点的方式谈谈你们的工作吗?"他就这样打开了话匣子。我的第一反应就是想起身离席、再不做进一步解释,事后看来那才是我那天应该做的事。然而,我和让-克里斯托夫还是随口讲了两三句蠢话好干完自己的活儿,但我实在无法排除那种发自内心的不快。

后来的情况也没有一点好转的迹象。"说到底,菲尔茨奖到底是个什么?"他这样发问道,随后更是抛出了一句决定性的结论:"两位还是缺少点幽默感啊。"——真是令人震惊的自负和愚蠢！离开演播室时，我告诉让-克里斯托夫玩笑已经开得够多了，自己再也不会接受与获奖有关的采访。之后，我坚守了自己的诺言，而我的朋友在继续了几周的"游戏"后也终于缴械投降了。

在数学圈子里，菲尔茨奖确实产生了它的效果。从苏黎世国际数学家大会开始，我就不得不处理各种签名请求，其中大多数来自学生，这真吓人……在我看来，这种要求不仅荒谬，坦率地说也是十分不合适的。当有人第一次要我这样做时，我不禁瞪圆了眼睛、一脸惊讶地问："谁？——我？您确定？"不过，最终我还是屈服于这种手指运动，懒得抵抗了。

就像父亲一样，我是个害羞的人。别人的目光会给我以压迫感，不管它所传达的信息究竟是钦佩还是敌意。被人说三道四时我会感到怒不可遏，但如果有人阿谀奉承，我又会想要敬而远之。这种性格特点可能会催生出某种类似于恼火的反应——那无疑是一种笨拙的、反映我因为得奖而局促不安的表达方式，但没有办法，我这个人就是这个样子。

菲尔茨奖对我日常生活的影响中，还有一些更有趣却令人尴尬的小故事。

大会期间,两个年轻的女大学生跑来向我要签名——其中多少带着点放纵的暗示。她们中的第一个让我把名字签在她的T恤上。"我很愿意,不过您洗上一次,它可就没了。"我这样提醒。"我是绝对不会去洗它的。"年轻女孩坚定地回答。

另一个赫尔维蒂[1]女孩递给我一支笔,却没有给我任何可以签名的本子。

"我签在哪儿呢?"我询问道。

"签在我的枕头上。"

"呃……您确定?"

"对。这样我睡觉的时候会想着您的。"

"您的男朋友不会抗议吗?"

"哦,不,不会的。"

…………

几个月后,我又受邀参加意大利南部的一个数学大会。与法国和其他国家不同,在意大利,数学和自然

---

[1] 赫尔维蒂人(Helvetii),塞尔特民族,公元前2世纪受日耳曼人的压迫,从德国南部迁徙至瑞士北部。

科学对女孩子很有吸引力。演讲结束时，一个漂亮的女大学生走了过来（她在那天更早的时候已经和我聊过几句），看上去一脸淘气，睫毛热烈地颤动着：

"我必须承认，我是您忠实的粉丝。"

"谢谢，小姐。"

之后，女孩儿压低了嗓音——

"您知道吗，您可以要求我做任何事。您让我做什么我就做什么。"

我想我这辈子都没有这么尴尬过！很多男人都想象过同样的场景，认为抵抗诱惑就意味着愚蠢或者胆怯，抑或二者兼而有之。而事实上，当这种情况真的出现时，他们往往第一个逃之夭夭——这是正确的，在我看来，只有笨蛋和猪才会道德薄弱到接受这种提议的地步……

我对那位仰慕者的关心表示了感谢，并祝她度过愉快的一天。

同行们的目光也产生了某种更加微妙却令人困惑的变化。许多数学界的同事——包括一些每天都会碰面的人——一夜之间便变得毕恭毕敬，其中几个人甚至开始卑躬屈膝起来。这种反应实在让人费解，仿佛我因为那块挂在脖子上的金属牌而摇身一变,成了不同于昨天的另一个人……幸运的是,在认识我的人中,这样的态度并没有持续多久。人们保留了对我的尊重,但那种刻意的恭顺最终还是烟消云散了。

此外,就算我确实出过一点儿名,也绝没有超出数学界的小圈子,所以完全不值得自命不凡。就在苏黎世大会后的一次美国之行中,我那压箱底的奖章把机场安检门的金属探测器弄响了。我打开箱子并掏出奖牌,之后不得不向安检人员解释它是授予数学家的一种奖励。他们看上去一个字儿都不相信——给数学家发奖?这真可笑!我只得继续交涉,努力为自己辩解……最终,安检人员还是对我放行了,不过这绝非是被我那数学大奖的故事所说服,而仅仅是出于厌倦。

这样的故事能让人学会谦虚。我知道自己从来都不是内马尔(Neymar),也不是米克·贾格尔(Mick Jagger)[1],我去买面包时从不会在店里引起骚动,应该说这是件幸运的事。我不是摇滚巨星,甚至不是世界上最好的数学家,当然,也不是最差的那一个。

---

[1] 英国摇滚歌手,滚石乐队创始成员之一。

或许您听说过罗昂家族？它是法国最大的家族之一，其权势在17世纪时可谓如日中天。这个家族有一则家喻户晓的座右铭：吾非国王，亦不甘为王子，吾即罗昂。我非常喜欢这句格言，有时会略作修改并加以引用：我非大师，亦不甘为教授，我即皮埃尔-路易。请别认为这么说是出于我对自己所从事的教师这一职业的蔑视，只不过社会上总有些人成天板着张脸，动辄就闹腾着索要公共服务、批评公务员，我只是想回击一下他们对"教授"这个词的贬义用法而已。这句俏皮话在我看来很好地反映了我对独立的强烈渴望，以及我拒绝被贴上标签。我也喜欢它所传达的公平理念，即每个人都应该在虚荣和自卑之间保持一个自然而健康的平衡。真的，没有比它更适合定义我的话了。

在苏黎世大会召开的10年后，一个我亲历的场面证实了那些对我的吹嘘终于尘埃落定，人们开始对我保持正确的距离了。当时，我应邀到西班牙巴斯克地区的毕尔巴鄂（Bilbao）做一场公开讲座，会上负责串场的同事详细介绍了我过去的一些成就，其中也包括菲尔兹奖。在一通有点浮夸的长篇大论后，他最终做了如下总结："在世界各地的数学中心和研究所，他以皮埃尔-路易这个名字而广为人知。"我非常喜欢这句话,它完美地概括了我的想法。

当然,我出门时从没在脖子上挂过那块奖牌。当年的找史喜欢在上衣的翻领上别一枚印有柯尔多·马尔迭斯肖像的胸针。我无疑认可这一奖励所代表的意义,但奖牌本身却绝非神圣不可侵犯的。获奖发言结束后,我又回到阿雅克肖和家人一起度假。一天晚上,几个意大利朋友前来拜访。喝开胃酒时,他们开始玩起奖牌来,把它像球一样扔来扔去,我也忍不住和他们闹成了一团。

无须赘述,奖牌最后咣当一声掉在了地上。由于它是纯金做的———一种相当柔软的金属,冲击在表面留下了一个坑,一个永远不会消失的痕迹。这样更好!从此它将与众不同、独一无二。

从那以后,这枚奖章在我办公桌的抽屉里过上了安全而宁静的退休生活。

12

"国王们"的规则

继获奖这一小插曲后,我重返巴黎九大做教师-研究员。获奖给我的日常工作只带来了一项显著变化,那就是我被借调到法国国家科学研究中心,为期3~4年。这无疑意味着一种认可,它让我得以专注于研究,从而免于继续承担教学任务。

此外,自我进入巴黎九大这所以经济和管理专业见长的大学以来,我们那小小的数学家队伍已经有了长足的发展。我们有一间名为CEREMADE的内部实验室,过去曾常年被九大的其他实验室当成怪人的集散地。不过,这间实验室自20世纪80年代末开始异军突起,名声和我的一起与日俱增,很快便引起了各大公共权力机构的注意。我们获得了额外的研究补贴,设立了数学教授这一职位，成功挂靠法国国家科学研究中心，实验性地推出了一种尚不流畅的通信技术（后来的因特网），甚至得到了来自美国军方的经费！值得一提的是，美国军方一直对世界各地的创新型研究团队保持着密切的关注，从而确保自己时刻处于科技前沿。

借助这些条件上的改善，我们很快便招募了一批精英，其中包括伊夫·梅耶尔（Yves Meyer）——数学家兼巴黎综合理工学院教授。他在1985年加入我们团队时刚刚获得了法兰西科学院大奖（Grand Prix de l'Académie des Sciences），入职后不久就发展了小波理论。这一理论虽然不太为公众所知，但在处理图像和信号方面十分有用，因此在数学家、科学家以及工程师中广为人知，直到今天学者们依然继续探索。简言之——一个超级明星！

20世纪90年代初，我们的实验室终于劳有所获。1994年授予我的菲尔兹奖使得实验室名声大震，从此一跃成为人们眼中杰出的应用数学中心。在我的推动下，它因结合了金融、物理、数据处理等方面的研究而身份显著，这无疑大大增加了它的影响力，使得实验室在国际舞台上独步一时。

我重返日常生活还有一个标志，那就是实业家和公共权力机构开始对我个人表现出日益浓厚的兴趣。应爱德华·巴拉迪尔政府（Édouard Balladur）新任高等教育和研究部长弗朗索瓦·菲永（François Fillon）的邀请，我加入了全新的"战略方针委员会"（COS）。它由15名成员组成，全员都是科学家或大型工业集团的领导人，旨在优先考虑、制定那些涉及研究与创新的重大公共政策，并为其提供支持。我在那里结识了一批杰出的科学家，如诺贝尔化学奖得主杰马里·莱恩（Jean-Marie Lehn），他于几年后成了我在法兰西公学院的同事；此外还有生物学家阿克塞尔·卡恩（Axel Kahn）。

加入战略指导委员会还让我得以结交那些引领法国经济的龙头企业老板。具体来讲，该委员会的成员包括法国萨基姆集团（Sagem）[1]总裁皮埃尔·福尔（Pierre Faurre），他受政府任命出任委员会主席；此外还有道达尔集团（Total）总裁塞尔日·楚鲁克（Serge Tchuruk）；

---

[1] 法国萨基姆集团，高新技术企业，业务涉及通信产品、办公自动化设备、电子产品等，因出色的创新能力在全球多个市场都处于领先地位。

以及先后出任马特拉（Matra）[1]及空客集团（Airbus）总裁的诺尔·弗加德（Noël Forgeard）。

至今为止，我与私营公司的交情仅限于为其研发团队提供短期咨询服务。进入战略方针委员会后，我发现自己的层次提高了——它让我接触到了一个由大老板组成、由周旋应酬和利益渗透所统治的封闭世界，我从此可以直接与这些人打交道，具体的情况容我稍后再谈。上述三个老板还有一个明显的共通之处，那就是他们都毕业于巴黎综合理工学院。因为两家交好，我跟皮埃尔·福尔的关系更熟一些。不过剩下的两个人我就不认识了，当然，皮埃尔·福尔对他们是赞不绝口的。

在战略方针委员会以外，我与工业领域的联系也日益紧密起来。我开始为法国国家航空宇航公司（Aérospatiale）生产的发射装置担任科学顾问，当时诺尔·弗加德刚刚成了那里的领导——但这二者之间应该没什么联系。想来，应该是我那种独特的"多面手"式专业背景，以及我那永不满足的好奇心引起了部门领导的兴趣。在与法国国家航空宇航公司展开合作的几个月

---

[1] 法国马特拉集团，主要业务涉及汽车制造，航空领域及武器生产。

后，阿丽亚娜5号火箭于1996年6月4日在圭亚那的库鲁航天发射中心进行了首次发射，但火箭却在点火的37秒后于空中爆炸了。这次失败被定性为工业灾难，引起了很大反响。一个事故调查委员会迅速成立，负责牵头的正是我父亲。他当时被任命为"国家空间研究中心"（CNES）的负责人，根据调查，管理飞行仪表的导航软件存在信息错误，从而导致了发射失败。

初步结论揭晓后，发射装置部门的负责人菲利普·库亚尔（Philippe Couillard）要求我提供一个快速的排障方案。我的第一反应是求助于贝尔纳·拉呼图胡（Bernard Larrouturou）——法国国家信息与自动化研究所主席，要求他紧急成立一个研究员小组，且每个成员都必须具有超强的主观能动性。"他们是为了国家利益去工作。"我当时这样强调。这么说绝非夸大其词，无论是对于法国还是欧洲，阿丽亚娜5号火箭在财政及战略上的利害关系都是不容小觑的。

在吉尔·卡恩（Gilles Kahn）的帮助下，贝尔纳迅速召集了一个小分队。事实证明，这个主要由年轻的计算机专家组成的团队十分出色，我只需跟进其工作进度即可。研究人员在创纪录的时间里开发了一个内部计算机工具，从而快速、完美地解决了导航软件的问题。此外，该小组的一名成员还在任务结束的几个月后成立了一家初创公司，以便为该软件的开发提供更多的应用场景。团队合作最终大获全胜，阿丽亚娜5号火箭于1997年10月30日第二次成功发射。虽然这一经历并非属于严格意义上的数学领域，但它仍是我最美好的职业记忆之一。

作为"全面科学顾问"，我成功参与了法国国家航空宇航公司的多个项目。除了阿丽亚娜5号火箭的设计和研发，我们还为支持多个软件的数据库进行了基础设施修改。现在，为了更好地说明我是如何通过多种方式让自己有所作为的，请允许我介绍一下阿丽亚娜5号火箭的鲁棒控制这一案例。

当时，负责飞行软件的高级工程师们正投身于一项致力于优化驾驶的复杂项目，而要完成这一任务绝不简单：火箭起飞时两侧会附带200多吨燃料，而且它的飞行环境是完全不确定且多变的！为此，工程师们开发了一个全新的驾驶模块，它以"鲁棒控制理论"这一数学原理为基础，能够使火箭的飞行更加安全、更加经济。我的任务则是要保证这一全新模块在科学层面的有效性，为此，我要面对的不仅是该项目的领导，还有唯一能授权这一模块投入使用的机构——国家空间研究中心。在对研究人员的工作进行了漫长的审核后，我最终提供了相关担保。更换模块后的火箭顺利升空，新模块的各项优势也得到了验证——真是谢天谢地！

战略方针委员会的例会通常十分开明，我的特立独行由此得到了充分的展示。——为什么要放弃这样的权利呢？言论自由既源于我作为公职研究人员的身份，也与我那深沉的个性有关，我没什么理由放弃自我表达的机会。于是，在例会发言上，我的惊人之举往往让其他人一脸疑惑、连连噘嘴，有时甚至露出不快的眼神。塞尔日·楚鲁克是少数几个在我对那些无聊的空话表示反感时支持我的人之一。他在战略方针委员会成立后不久就离开了道达尔，进而成了阿尔卡特集团（Alcatel）的头号人物。后来，他又建议我加入该集团的董事会，虽然我从未有过这样的经历，但还是接受了。说起来，谁能拒绝可以一窥阿尔卡特这种庞然大物后台的机会呢？它能让我更好地了解一个高科技集团从技术团队到管理层的整个决策链。我被自己那永不满足的好奇心驱使着，它又找到一块值得探索的处女地了！

不过，问题也随之而来：公务员是否可以兼任公司董事？为了心中有数，我打电话给身兼集团总裁和战略方针委员会主席两职的皮埃尔·福尔。"稍等，我给部长打个电话确认一下。"他随口答道，仿佛致电部长对他而言已经是个习惯了！我万万没想到回答竟会是这个样子。大老板和政界之间过从甚密早已不是什么奇闻，我还不至于天真到一无所知的地步。但不得不承认，直接见证这些事还是让我吃了一惊。

更令人称奇的是，让我瞠目结舌的事情还没有结尾。不到10分钟，福尔就给我回了电话："听着，这不是太合法，不过他们可以睁一只眼闭一只眼。"这话说得真好笑，但我不确定自己是否真的笑出了声。

在阿尔卡特的董事会上，我还遇到了另一个旗帜鲜明的人物。他叫昂布鲁瓦兹·鲁（Ambroise Roux），出身于巴黎综合理工学院，属于右翼保守党，是个法式资本主义的传奇人物。他因出任过阿尔卡特集团前身——法国通用电气公司的总裁而闻名，不过，还有一点比这更为重要：他是一个雇主利益的强大说客、一个右翼政客的知交密友、一位"国王"的缔造者，弗朗索瓦·皮诺（François Pinault）、乔治·佩伯罗（Georges

Pébereau)、让-玛丽·梅西耶（Jean-Marie Messier）等人的辉煌政绩都要归功于这个人！一天晚上，估计是对我这种有悖于传统的人能进入董事会感到惊讶，他邀请我共进晚餐，以便加深了解。

不过，尽管他宣称想要更多地了解我，但在用餐的大部分时间里却一直忙于讲述自己的成就，其中甚至穿插着不少含沙射影的故事，一种少见的蛮横就此流露出来。我在这里简略摘要了一段："某某人，我让他进了某某集团的董事会。我告诉他从此可以得到丰厚的报酬，作为回报，他得学会闭上自己的嘴。"我做了个鬼脸，他看出我并非这种暗箱操作的合适人选，于是总结道："您这样的年轻人总是让我感到很棘手。尽管看上去彬彬有礼，但我从不知道你们心里到底在想些什么"。

私下里讲，我觉得他还是不知道的好。哪怕我处在那样的年纪（我当年四十出头），哪怕我在这个世界里完全没有参考，我依然需要更多的倾听，以便独立做出分析与判断——至少是在最开始的时候。

13

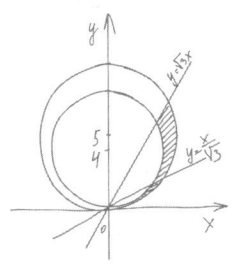

我和数学界的 LADY GAGA

我和让-克里斯托夫是历史上第五及第六个获得菲尔茨奖的法国人。而在1936年，该奖项的首位法国得主不是别人，正是洛朗·施瓦茨——我父亲的博士论文导师及毕生的朋友。继1994年得奖人数翻倍以来，4位法国同胞在接下来的许多年里先后夺魁，这使得拥有12名获奖者的法国一跃成为菲尔茨奖牌榜上排名第二的国家，仅次于拥有13名获奖者的美国。

我有幸与一些继我之后的得奖者有过接触。其中，2018年夺冠的意大利人阿莱西奥·菲加利（Alessio Figalli）是我最近认识的一个，他围绕着迪·皮尔纳-利翁理论展开研究，从而给我和罗恩的发现带来了全新的显著贡献，菲尔茨奖委员会对此特别予以嘉许。

阿莱西奥热爱法国，除了毕业于里昂高等师范学院（École Normale Supérieure de Lyon）以外，我们还有另一个共同点，那就是他博士论文的两位导师之一恰恰是我过去的学生。说起来，那是一个完全有悖于传统的数学家，一个埋头苦干的工作狂，有着绝对与众不同的个性，我在1998年还做过其博士论文导师。在整个职业生涯里，我先后指导过50多名博士生，但这一位绝对不会淡出我的记忆，估计您也会对他念念不忘，他的名字是塞德里克·维拉尼。

我和塞德里克的初次接触要追溯到1995年年初。一天晚上，我接到了扬·布伦尼尔（Yann Brenier）的电话。那是一位我很熟悉的数学家，他当时在高等师范学院工作，不仅致力于教育事业，还乐于为那些拥有理想却在确定论文选题时煞费苦心的学生提供指导与建议。当时，我所在的CEREMADE实验室已经连续几年从高师招纳怀有抱负的博士生，那天扬打来电话正是为了向我推荐候选人。

"我这儿有个年轻的高师学生。他马上就要进入博士论文阶段了，但还不确定自己到底要做什么，"扬这样向我解释道，"他一直在数学和物理之间犹豫不决。

我先打个招呼，这家伙相当另类。但你是知道的，我想他的个性和研究兴趣会中你的意。"

"那我建议他做一个与物理有关的数学题目好了。"我当时这样回答，并答应更认真地考虑一下。我告诉扬，为了确定合适的题目，我需要几天时间思考。之后，我约了一个工作日的下午3点在弗伊兰提咖啡馆和他的"小马驹"见面，那是高师学生惯常的聚会、休闲场所，离学校只有几步距离。

冬天已经接近尾声。我那天准时到达咖啡馆，但年轻的学生却不见踪影。我只得坐下身来，为自己点了一杯咖啡。一刻钟后，一个少见的瘦高个儿朝着我的方向跑了过来。匆忙的脚步使他的长头发和黑色长大衣的下摆随风舞动，靠近的时候，我看到了一张清秀但却苍白的脸——几乎可以说是灰白色的。那天的塞德里克一身奇特的装束，这让我恍惚觉得自己是要与一个从19世纪奇幻小说里走出来的人打交道。

"对不起，我迟到了。"他气喘吁吁，带着一点淡淡的南方口音，但很容易识别。我在等待期间已喝完了自己的咖啡，于是便另要了一杯，同时问他想喝点什么。

"一杯基尔酒[1],谢谢。"基尔酒?嗯……好吧。等他在对面落座后,我从近处好好打量了一番他的行头——黑外套,黑马甲,黑裤子,白色荷叶边衬衫,蝴蝶结……对于一个只有20来岁的学生来说,这样的打扮相当古怪。我还记得他马甲的口袋里已经揣着那块大名鼎鼎的怀表。真高雅!不过,用它看时间其实并不方便,说不定这正是他不准时的原因。

我们按照高师学生之间的规矩以"你"相称。他承认自己一直在数学和物理之间犹豫,我便立即谈起了玻尔兹曼方程,它介于两者之间,其中一个还没怎么被人讨论过的变量在我看来很有研究意义。我还给他带去了一本书,里面对方程提出的各种问题进行了详细的描述。他听完后表示想要知道得更多些,又向我询问了这一研究相关的技术难点。看得出,这个人的好奇心完全被点燃了。

"我认为这是一个非常好的题目,"他最后坚定地说,"但我不能马上开始工作。我是学生会办公室的秘

---

[1] 一种著名的法国鸡尾酒,由白葡萄酒与黑醋栗果酒混合而成,常作为开胃酒饮用。

书,现在正在全力筹备学校的舞会。"

舞会!他那19世纪的漫画形象简直呼之欲出,现在我终于知道这个人迟到的原因了——一定是咖啡馆附近没有能让他拴马的地方。

就这样,塞德里克为自己请了假,并承诺在"几周"后开始工作。我承认自己当时对这个小年轻到底有多大积极性抱有疑问。说真的,我甚至怀疑自己是不是被卷入了什么蠢事当中。尽管如此我依然选择耐心等待,没怎么太担心,并忙于其他研究任务。

一个月过去了。之后,又一个月过去了。接着,第三个月也过去了……!到了6月份,对方还是杳无音讯。我便给他寄去了一封信,里面装着一张特大尺寸的名片,上面写有我的几笔涂鸦:"亲爱的塞德里克,是时候该干点活儿了……致礼。皮埃尔-路易。"

收到我那封冷笑话一般的信后,年轻的博士生立刻联系过来,并为自己做出了解释。原来,他在那场著名的舞会后出现了相当严重的健康问题,甚至一度短暂住院。看来这个人体弱多病,而我完全愿意相信他的话,因为人们只要看到他那脆弱的体形就会禁不住联想,这个人就算绊上一个跟头也能在地上碎成1000块。

这一次——看得出来，他真的开始工作了。而一旦干起活来，那简直是个超常的工作狂，一台拆墙用的推土机！他的毅力、他的韧性，以及他那调动全身能量直捣目标的能力都让我叹为观止。我原先害怕自己要与一个业余的花花公子打交道，更对他那怪诞的外表和社会责任感感到担心。事实证明，情况恰恰相反：塞德里克以极快的速度深入自己其实知之甚少的研究主题中，并一举抓住了重点。我尚不确定自己指导的这个男孩是否是一位杰出人才，但他显然十分聪明，这一点毋庸置疑。

接下来的事也证实了我这种良好的预感。经过了为期两年的"攻坚战"（这么说并不为过），塞德里克在发表了多篇论文后向我提交了答辩申请。他的论文题为《对气体和等离子体的动力学理论中玻尔兹曼和朗道方程的数学研究》，篇幅达到了500——甚至600页，具体情况我已记不太清了。对于一篇数学博士论文而言，这样的页数相当可观。而且，那篇论文做得十分出色，哪怕谈不上无与伦比，也是极其精彩的。塞德里克不仅关注自己提出的问题，还重视别人提出的问题，这一点着实令人印象深刻。但真正让他脱颖而出的是他那少见的综合能力，这无疑标志着他是一个逻辑缜密、有条不紊的人。

除此以外,我同样十分欣赏他的写作水平——那篇论文甚至连一个逗号都不需要修改。尽管这算不上什么文学作品,但他那种清晰、准确且在语法上无可挑剔的文笔使阅读变得流畅而愉悦,从而展现了一种数学工作者少有的文字驾驭能力。在他论文的所有优点中,这一点无疑最让我赞叹。

答辩最终在巴黎九大的CEREMADE实验室里举行。我那天卡着点到达了现场,这一次,塞德里克却提前来了。进门的时候,我的目光不禁落在了评委桌上放着的那本厚厚的论文上。于是,我随手翻阅起文章开头致谢部分的几页,这一部分通常被人们程式化地草草了事,但塞德里克依旧写得很好。而在翻到下一页时,我不禁失声笑了起来。塞德里克居然复印了3年前我那封催他赶紧干活的信!听到我放声大笑,我的博士生也不禁莞尔:"你看见了?"他一边说,一边品尝着它的效果,估计他立即就猜到了我刚才在想些什么。

答辩以后,我没有主动打听过塞德里克的消息,只是远远地关注着他的发展。我承认自己是个苛刻的论文导师,一个个性强烈的人,如果有人说这让人难以忍受，我也绝对不会否认。出于同样的理由，我选择了在完成自己的使命后与他保持一定的距离。在我看来，那种将论文导师和学生绑在一起的紧密联系必须尽快打破，学生需要从导师的监管和影响中解脱出来——它们通常是沉重的，有时甚至极具侵略性。显然，为了在完全自由的情况下走自己的路，他必须"杀死父亲"。

塞德里克很自然地以教师-研究员的身份展开了职业生涯，并成了里昂高等师范学院的教授。我们之间的互动不多，只是在研讨会或演讲的间隙有过一些非正式的交谈。他的研究主要是就一些已被人们深入探讨的领域进行综合汇总。我带着敬意从旁观察，虽然那确实是十分出色的工作，但老实说，也没什么值得沾沾自喜的。我的标准很高，所以总觉得他的研究及分析方法多少欠缺些独创性。

塞德里克的性格显然比我要敏锐得多。我不是一个足够细腻、总是能很好地拿捏分寸的人。当我和自己敬重的人袒露心声时，情况更是如此。这有点像橄榄球抢球时的第三排队员，我很担心自己的这种性格会让塞德里克感到不快，因为他对此是十分了解的。

后来，塞德里克的熟人对我说他产生了某种自卑感，觉得自己既无法满足我的期望值，也达不到自我要求的高度。这样的想法类似于某种竞争意识，但在我们那样的层次上是毫无意义可言的。换句话说，博格和费德勒之间谁才是最好的网球选手？[1]不要说对这个问题进行作答，哪怕只是比较两位选手赢得的比赛次数也只是费力不讨好。当然，问题或许还有另外一种解释：塞德里克可能是在寻求我的赞扬或鼓励，并为我一直毫无表示而忧心忡忡。而我只是单纯地认为他能做得更好！在我看来，这才是对他各种才能的真正认可与敬意。

不管这些事是真是假，塞德里克的工作多年来在质量和深度上都有所提升，直到2009年，他发表了一篇关于"朗道阻尼"的论文，在学术界引起了很大反响。苏联物理学家列夫·朗道（Lev Landau）于1946年在提出的理论中对这一物理现象进行了描述，简单来说，就是等离子体在某些环境下的特殊行为会生成电磁场。根据朗道的直觉，组成这种气体的粒子——尤其是电子——会随着时间的推移以一种令人惊讶的方式相互作用。

---

[1] 比约·博格（Bjorn Borg）和罗杰·费德勒（Roger Federer）都是世界著名的职业网球选手，两人均在各种国际大赛中多次夺冠。

这种好奇心撼动了物理学界。但由于该现象无法通过观察来验证，只有数学可以证实其存在，从而助物理学家一臂之力。不过，相关论证可谓困难重重。塞德里克与他的一名学生合作，终于成功证实了某些特定情况下朗道的假设，并部分解开了这一顽固的谜团。您看，就像我的预感一样，塞德里克拥有的不只是强大的汇总能力——他也是一个可以打开真理大门的人。截至目前，他已充分证明了自己是一位出色的数学家，而这一次，他更向我和学术界证明了自己是个杰出人才。

这篇优秀的论文发表时，距离国际数学家大会在印度的海得拉巴（Hyderabad）召开只剩下9个月，也就是说——又快到颁发菲尔兹奖的时候了。真是个好兆头！委员会的成员在讨论下届获奖人员时联系到了我，他们说，维拉尼已经上了候选人名单，因此想听听我对他和其他几位候选人的看法。我先是表示自己和塞德里克关系密切，不便对他进行评价，之后又详细向委员会解释其他候选人在我看来尚不够格。

回想起来，那恰恰是我能给予塞德里克的最好帮助。公开支持可能会让他的候选人资格受损，而否决其他竞争者事实上也代表了我对塞德里克委婉的声援。大会临近时，我已确信他会得奖，甚至悄悄地通知了当时的研究部长办公室。

故事的后续大家都知道了。国际数学家大会于2010年8月19日召开，塞德里克和其他3名数学家一起被授予了菲尔茨奖。有趣的是，同年还有另一位法国获奖者——拥有法国、越南双重国籍的吴宝珠（Ngô Bảo Châu），这一历史瞬间让人们不禁又回想起两名法国人双双夺魁的1994年。尽管当年的我一直矢口否认，但今天，我承认自己的心中确实涌起了一点儿自豪感。事实上，也没有什么值得隐瞒的地方：通过指导塞德里克的博士论文，我引导他开启了职业生涯，但在他人生的其余阶段就影响甚微了。尽管如此，我无意间还是在继自己之后的获奖者里看到了某种一脉相承的东西。

2018年，塞德里克的学生阿莱西奥·菲加利荣获菲尔茨奖，这又一次印证了我的感觉。其中的原因可以说是双重的：首先，这位年轻的意大利人就我在比萨的一次会议上提及的一个问题展开研究，从而一举成名，在学术界崭露头角；其次，当天他的另一位博士论文导师——我多年的朋友路易吉·安布罗西奥（Luigi Ambrosio）也在场，是我建议安布罗西奥带着学生好好研究一下那个问题。虽然我并不知道具体的解法,也不确定要花费多长时间,但我向他保证,他们一定会找到答案的。4个月后,他们出色地找到了答案,这也为未来阿莱西奥的夺冠奠定了基础。

获奖以后,塞德里克和我都没有尝试过联系对方。我们两人的再会是在为他和吴宝珠举行的庆功宴上(但吴宝珠最终缺席),那是在爱丽舍宫,由时任总统尼古拉·萨科齐主持。我向塞德里克致以祝贺,他也对我表示了感谢。之后,我们依旧只是偶然、短暂地打个照面,维持着一种不即不离的关系。要想得知他的近况,只需打开一份纸质或电子版报纸即可。塞德里克参加了各种访谈,无论对象是报纸、广播,还是电视节目。他显然在面对媒体邀请时比我热情得多,尽管如此,我依然觉得屈从一下这种"诱惑"也没什么不对,哪怕我自己当年有着不同的反应。

几个月过去了,塞德里克曝光的频率并没有放缓的迹象,似乎他已不再满足于坐等媒体邀约,反而会主动联系它们。同时,他开始在一些学校进行巡回演讲,并动手撰写一本回顾自己研究生涯的书,名为《一个定理的诞生》(*Théorème vivant*),出版于2012年。他把自己定义为对数学这门学科进行去神秘化和大众普及的领头人物,可以说,无论他自我宣传的媒体或环境如何,这样的姿态始终没有改变。

此外,塞德里克还不喜欢以复数形式对"数学"一词进行变位[1],这是我们之间一个由来已久的争执。他认为使用单数形式可以强调我们学科的唯一性,但这样的看法在我眼里未免太过片面了。令我不快的是,他一直坚决强调传统数学——即抽象数学,而非应用数学——的意义。简言之,至少在早期的发言里,他没有确实地强调数学是现实世界的基础工具,我对此感到十分遗憾。

撇开这些保留意见,塞德里克确实是个极具天赋的科学推广者。他的许多演讲在公众中引起了积极的反响,其中有一些甚至间接地传到了我耳中,不过,那可一点儿也不有趣。一次,我在去探望母亲时被她的一个邻居拦住了。这个人在《世界报》的夏季增刊上读了塞德里克发表的一系列科普文章,并对此大为赞赏:"我知道维拉尼过去是您的学生。不得不说,他的

---

[1] 法语语法中,数学(mathématiques)一词一般采用复数而非单数形式。

文章写得真好，真有趣！您也应该做点儿这样的事。"我当时对他的意见只是付之一笑，但这件事也证明了我的学生确实才华出众，十分善于与大众分享自己对于数学的热情。

在聚光灯下度过了一年时光后，塞德里克依然没有回归我们的数学世界。话虽如此，他也没有宣布过要放弃自己作为数学家的工作……这个人未来的计划可谓一团模糊，我感觉自己已经跟不上他的节奏了。他对媒体曝光的饥渴好像永远无法得到满足，这开始让我感到有些不自在。

直到2011年10月21日，法国周刊《电视全览》（*Télérama*）上刊登了一篇人物报道，题为《数学界的Lady Gaga》，我的不快由此达到了峰值。虽然这个叫法是记者提出来的，但塞德里克本人似乎十分满意，日后甚至暗示过一个奥地利记者对它加以引用。他从此成了怪诞形象的代表：大花领结、别在翻领上的蜘蛛……可能他觉得这样的装扮会让自己成为一个媒体喜欢的人物。有好几个月，人们提起他时一直使用这个绰号——但在我看来，他实在走得太远了。他的行为早已超出了推广数学的必要范畴，变成了一种持续的个人秀。这种表演在我眼里既自负又可笑，无论数学还是他本人都不会从中真正得到什么。

文章发表的几个月后，我们在罗马尼亚又见面了。当时，我们两人双双接到了布加勒斯特大学（University of Bucharest）的邀请，被其授予荣誉博士的称号。在庆典期间，我努力向塞德里克表达了自己的想法——更确切地说，是花了好长时间把他训斥了一番！我对他说，普及一个被误解甚至不受欢迎的学科是好事，但哗众取宠就另当别论了。不！你不能像个小丑似的自甘被人唤作什么"数学界的Lady Gaga"，你可以继续参加解释、宣传数学的有益活动，但你必须尊重我们的学科，以及尊重你自己。

我也表达了自己对他日益远离数学的担忧。是数学成就了那个真实的他，一旦没有了数学，人们的注目早晚会烟消云散。今天回想起来，我承认自己那天是在用一种家长式的甚至是教训人的口气讲话，但我实在害怕想象有朝一日聚光灯熄灭，他的职业生涯将何去何从。

他还能重拾过去的数学水平吗？他能忍受在默默无闻中了此一生吗？

塞德里克没有还口，默默忍受了我的指责。他强行挤出了一丝笑容，等着暴风雨过去，一边说我言重了、没必要反应得那么激烈，一边等着我发泄完。他知道自己是插不上嘴的，事实证明他没有错。到最后，我也不知道自己的那些话到底有没有对他产生影响……

塞德里克绝顶聪明，我的判断中至少有一部分是对的，这一点他不会毫无感觉。我坚信，他在内心深处明白我是出于对他的感情、对他前途的担忧才允许自己那样开诚布公——这绝对不是想要伤害他，希望他也千万不要那样想。

自2014年起，塞德里克投身政治。他的职业发展终于变得豁然开朗，我的担忧也总算部分缓解下来。看来，这个人确实是与数学分道扬镳了。我不知道这是否是一个正确的决定，但至少我清楚地知道自己的学生到底要做什么了。

2014年3月，他先是支持安妮·伊达尔戈竞选巴黎市长，后又力挺马克龙入主爱丽舍宫。在后者当选总统后，塞德里克也成了埃松省（他居住的地区）的共和国前进党议员。我个人一直对政治抱有兴趣。看到塞德里克这样一个聪明、诚实的男孩走进那个往往由愚蠢、个人利益所统治的世界更是让我称奇。于是，我带着好奇心和喜悦的心情关注着他从政后最初的各种活动。塞德里克以他特有的责任感和韧性展开了工作，刚进入波旁宫几周就对国民议会法了如指掌，从而展现出了与当年那个数学家毫无二致的品质。

我了解的塞德里克是一位坚定的人道主义者和欧洲主义者[1]。他还是个很有分寸的人，对事物的复杂性和细微差别有着很好的把握。从报道上看，他与马克龙可谓步调一致、相得益彰，甚至两人都喜欢使用"同时"这个惯用语。但尽管忠于总统，塞德里克还是一再表现出了一种独立精神，这使我感到欣慰。例如，在总理改变立场之前，他曾表示政府对陷入困境的移民船只缺乏人道主义关怀。此外，他还对"CETA协议"（一项加拿大与欧盟之间具有争议的自由贸易协议）和"反破坏法"（政府在"黄马甲"事件[2]后推出的法令）投了弃权票——尽管我更希望他投反对票，就像一些共和国前进党议员做的那样。我幻想着会看到一个与风车作战的堂吉诃

---

1 欧洲主义（Europeanism），1915年由朱尔·罗曼（Jules Romains）提出，主要强调对欧洲联邦制及欧洲一体化的建设。

2 "黄马甲"运动（Mouvement des gilets jaunes）始于2018年11月17日，起因为抗议政府加征燃油税。它是法国巴黎50年来最大的抗议活动。

德，就算他与此相距甚远，也完全不必为自己作为议员的政绩感到羞耻。凭借种种作为，他成功地让那些攻击他为轻率之徒或妄想狂的人哑口无言了。

后来，我听说塞德里克有心竞选巴黎市长，便开始担心他在党内的选举会被自己的直言不讳所影响。果然，一出滑稽剧验证了我的忧虑："共和国前进党全国提名委员会"指名本杰明·格里沃（Benjamin Griveaux）为该党的正式候选人。从那时起，对政府发言人的选择似乎都是出自总统本人的授意——不用说，这当中肯定有人捣鬼。塞德里克对此似乎心知肚明，并揭露这一行为是"权力机器的胜利"。经过了一个夏天的深思熟虑，他最终决定冒着风险以独立竞选人的身份参加2019年秋天市长一职的角逐，我为他的这一决定感到骄傲。

我在前文中提到过，博士生为了从他与导师的关系中解放出来必须"杀死父亲"。当然，这里使用"父亲"一词或许有点言过其实，但如今回首我在论文答辩后与塞德里克之间的互动，回首我与他的熟人之间进行的交流，我觉得自己无法确定他是否做到了这一点。在无数次的采访中，他很少谈及我或我给予他的影响。他也很少给我打电话——那往往是在为决定方向而征求意见的时候，而我却总是毫不犹豫地就他的工作予以置评。想来他应该一直没能把我从一个苛刻的论文导师的监管形象里分离出来。诚然，没有人会逼着他那样做，但也正是为此，他一直无法把我仅仅当成一个有经验、热心肠的同事一样看待。

塞德里克宣布要竞选巴黎市长后，我不止一次地想过给他发个信息以示支持。但我最终还是没有那样做，并总能为自己找到各种借口。说实话，我也不太清楚这到底是为什么，也许是我在等着他与共和国前进党彻底划清界线。

2019年9月，在《巴黎人报》(*Le Parisien*)的一个专栏上，许多社会名流纷纷签名，表达了对塞德里克候选人资格的支持，认为他远胜于对手。我也参与了这一联署，但当报纸问我希望如何介绍自己时，我只说了句"法兰西公学院教授"。说来，我不希望"数学家"一词出现，可能是我担心有太多的科学家签名会让专栏的意见显得片面，而这可能会对他造成不利影响。

我不知道塞德里克是否是个天才。我也说不清到底什么才是天才，以及天才是否真的存在。但我清楚地知道，凭他的品质、他的缺点、他的智慧、他的个性，以及他在科学和政治生涯中的成绩，他绝对是个卓尔不群的人。我们已经有了那么多体制催生出来的政客，为什么这一次不赌上一把，把赌注压在智慧和独立精神上呢？反正如果塞德里克无力胜任，人们还有其他政要可选。尽管他的某些选择曾让我表现出沉默甚至愤怒，但在我看来，他的当选可能会给巴黎人带来真正的机遇——我对他有着真挚的友爱。

书写到这里，我发现自己对指导过的学生只是一笔带过，看来是时候要为他们多说上几句了。他们中的许多人虽然不像塞德里克那样出名，但都有过辉煌的职业履历，我无法一一赘述他们各自的学术成就、荣获的奖项，以及在世界舞台上享有的声誉，但我为他们所有人感到无比自豪。

我也为自己的博士生中占到1/3的年轻女性骄傲不已。这些姑娘们的职业生涯并不亚于我的那些男学生，这在一个以男性为主，且男女不平等已经根深蒂固的世界里可不是件小事。说真的，我很庆幸自己指导过这些学生，相对于我传授给他们的知识，他们给我的回馈要多得多。

14

38岁退休？

获奖的几个月后,我在一个朋友的生日聚会上遇到了某大型民调机构的负责人。那是一位经常在媒体上露脸的人物,朋友在介绍我们认识时提到了菲尔茨奖,于是,那位名人几乎当场用嘲笑的口吻问我:"那么说,您已经退休喽?"

38岁就退休?这可是异乎寻常的情况,我们对此不仅应该强烈谴责,甚至应该检举揭发!事实上,自1994年获奖以来,我不仅应邀参与了诸多科学、技术项目,还在同样多的活动中承担职责。尽管如此,我依然得以把时间留给了自己最喜欢的东西——数学。我冒着风险对众多课题(它们往往是相互联系的)的分析及应用发起了挑战,这里请允许我援引其中的两个例子,因为它们在我看来体现了科学研究（尤其是数学研究）经常要面对的两种情况，那就是研究方向的偏移与一致性。

研究方向的偏移很难避免。因为我们完全是靠着某种看不见的直觉自然而然地从一个研究点过渡到另一个，它们彼此之间无疑息息相关，但仍不可同日而语。

还记得我在前文中提到过的玻尔兹曼方程及航天飞机在稀薄大气中的飞行吗？飞行任务结束时，航天飞机需要返回密度越来越高、越来越接近民航飞机飞行条件的大气层，直至重返日常生活通常的大气环境为止。此时飞机的速度依然很高，直观地说，就是远高于军用飞机的飞行速度——它将逐步下降，直到最终与民航飞机的巡航速度持平。这种情况下的流体力学定律可以用数学方程进行表达，人们将它称作"可压缩流体的纳维-斯托克斯方程"[1]。

我在研究玻尔兹曼方程时收获颇丰，因此很自然地对上述方程展开了攻坚战。很快我便意识到，自己有一天可以像罗恩和我解开玻尔兹曼方程那样攻克这一难

---

1 纳维-斯托克斯方程（Navier-Stokes Equation）简称N-S方程，是描述粘性不可压缩流体动量守恒的运动方程，后人在此基础上又导出了适用于可压缩流体的N-S方程。

题。我的直觉不错,但最终却为此花费了10年时间!当然,我并非在10年里日以继夜、无间断地进行工作,而是持续性地试着在围墙上打一个缺口,且每次都会尝试一个新的地方,以图找到最易击碎的那一处。

9年就这样过去了。到了第9年的末尾,有一天,我突然意识到自己提出的问题永远都不会得到想要的答案。简言之,是我把问题搞错了。我的研究以多个解法构成的案例为基础,它在刹那间把我导向了正确的问题!如果还是以围墙为例的话,可以说我倏地抬起了头,恍然发现那堵庄严、宏伟的围墙其实是一道山脉。继续像个聋子似的敲来打去毫无意义,我要做的是攀缘而上,之后展眼望去,一条道路会很容易地映入眼帘。几个月后,一切水到渠成。我围绕着相关研究写了一本书——对于研究人员来讲,能提出正确的问题可是至关重要的!

一个喜欢盘根究底的研究人员还会关心其研究中的一致性问题。具体来讲,他要确保现行任务和已完成的任务之间相互一致,以此来检验自己的工作是否正确。在研究过程中,出错往往无法避免。可以说,我们在每一天里都会看着各种试验相继流产,而一些我们以为能成功的尝试也会随着一个或几个错误的发现而宣告失败。当然，有的时候，成功也会不期而至。此外，所谓一致性不仅涉及相互关联的工作，也会涉及不同的研究主题。这就需要我们在学科的整体建设中识别漏洞，甚至是那些墙角缺失的部分。

以我个人为例，我和自己过去的学生（他们后来完全变成了我的合作伙伴）及他们的学生一起，就广泛存在于原子到分子、分子到晶体、晶体到固体等各种物质中的电磁力（物理）的数学模型进行了一致性研究。人们对上述这些物质的力学方面十分了解，它们都源于电磁力的作用，而电磁力则存在于小到原子、大到我们周围的各种固体所构成的各个物理空间尺度中。

在每一个空间尺度上，物理学家或力学专家都会得到能完美反映物理现实的数学描述，简单来讲，那就是方程。最终，我们的研究小组成功地通过数学验证证实了一个尺度与另一个尺度之间的过渡，之后我和伊莎贝尔·卡托（Isabelle Catto）、克劳德·勒布里斯（Claude Le Bris）就此共同撰写了一部专著，还发表了几篇让我们引以为傲的论文。

当然，作为一个知识分子，最让我感到欣慰的还是我们成功展示了数学在不同科学领域上的一致性。

请放心,我不会在这里唠叨自己20年(其实是将近30年)里具体做过哪些数学研究,我还是明智点儿,就此打住吧。无论如何,我并没有在38岁退休,哪怕这么说会冒犯那些以为数学家只有年轻时才有所建树的人。此外,请别认为我是在对退休法含沙射影,尽管其发起人对这一法律的后果、成本(直接成本或补贴)都缺乏全面分析,让我感到由衷的沮丧和愤慨。

15

蒙特卡洛法之王

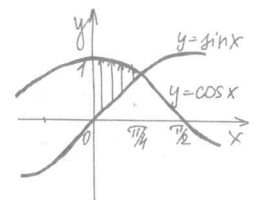

我这个人从来没有被金钱困扰过。但我也深知，自己实在是条件得天独厚才能如此逍遥自得。我的收入不仅仅是宽裕，作为法兰西公学院教授，我的税前工资大约是1个月6000欧元。这与绝大多数法国人相比无疑颇为可观，但仍无法和同等国家各个行业的工资相提并论。此外，这样的薪水与其他许多职业相比更是少之又少——不过没关系，人们为了自由总要付出点儿努力。

与之相比，法国年轻学者的命运却与我们这样的大国不相称。对于一个新入职的教师-研究员而言，他的薪水比欧洲或"经济合作与发展组织"（OECD）成员国家同业人员的平均收入要低35%。政府曾宣布会考虑上调工资，甚至把科研人员打造成一个优先发展职业。但就算这一宣告确实得以贯彻，从而使所有年轻学者的工资待遇得到改善，法国也不过是追上了其他国家（欧洲或经济合作与发展组织成员国）的平均水平——这也敢妄称"国家优先发展职业"？

尽管在经济层面上不那么值得同情，我个人的情况还是有点儿代表性。我如果任自己的人生被金钱驱使，早就移居海外了。就像前文中提到过的那样，普林斯顿大学曾想聘用我到它那所著名的高等研究院担任教师-研究员。那里的年薪远高于我现在的报酬，但作为说服我的理由尚且不够。今天，情况依然如此。如果同意到美国某知名学府执教，我的工资大约会翻12倍。尽管如此，我留在法国的决心并不会为钱而动摇。

这种对金钱的淡薄并非只局限在我的收入问题上。总的来说，我对金融世界从未产生过太大兴趣，虽然出于好奇心和偶然性，我曾把几年的职业生涯奉献给了金融事业，但却从没被那个行业里屡见不鲜的高薪打动过。

金融非常适合通过概率和偏微分方程来进行数学建模。这是很自然的事，没有什么比金融市场更加充满活力而又瞬息万变的了。概率学家最早就此展开了研究，他们锁定的目标十分简单,即数学建模能否帮助我们理解金融产品那些看似不可预测的行为?

法国数学学派可谓这一领域的先驱。20世纪90年代初,概率学专家妮可·厄尔·卡露伊(Nicole El Karoui)率先在巴黎六大为概率学专业的硕士生开设了金融这门课程。当时,对金融问题抱有兴趣的数学家们研究的对象被金融学者称为"期权"。那是一种金融衍生产品,从理论上讲,它可以确保持有人在特定时期内免受股票(或其他金融资产)上下波动的影响,如果买家选择正确,交易截止时将获得增值。

一个更加接近现实的例子可以说明期权的意义:空客集团在欧洲制造飞机,那么相关成本就要以欧元进行结算,而飞机往往又以美元价格予以出售,可见,从销售合同签订到买家付款的这段时间里,如果美元对欧元贬值,两种货币间的汇率就会造成利润减少——甚至出现亏损。这种情况下,我们如何才能保护自己免于被不可预见的汇率所波及呢?

期权可以明确地满足这一需求。它能够在一定程度上实现对汇率的保值,作为交换,人们需要即刻向发行期权的金融机构购买某种保险。期权种类繁多,而且随着时间的推移变得日益复杂——至少到2008年金融危机以前是这样的。金融工程师们甚至想象出了为期权产品而发行的期权！此外，期权之所以被称为"衍生产品"，在于它们中的一些仅仅是针对某一产品（股票、石油、外汇……）的买卖承诺，这也解释了为什么我的朋友兼合作伙伴皮埃尔-诺埃尔·吉罗（Pierre-Noël Giraud）撰写的金融学小册子题为《承诺的交易》（*Le commerce des promesses*）。值得一提的是，虽然期权自身并非金融产品，却很快变得与后者如出一辙，它们中的许多种都可以在金融市场上进行买卖。

银行不仅要对数以千计的股票进行投资组合，还会发行各种期权。对银行而言，明智地买入或卖出期权是重要的收益来源，或者至少可以限制损失。随之而来的问题是：应该何时买入期权，购进多少，以什么样的价格，又该持有多久？

数学建模旨在为上述问题提供答案。数学家可以获得客观而定量的数据（价格、先前的波动、股票数量、时间……），这些数据会帮助他开发模型，对金融市场上可用的期权价格做出解释，并对新期权的合理价格进行预测，从而免受未来价格波动的影响。通过这种方式，银行可以对增值效益最高的期权进行认购或出售，以此保证收益。

20世纪90年代中期，最早的金融数学工程异军突起。我那时只是远远地观察着这一全新的理论领域，金融并非我偏爱的学科，可以说无论是作为研究者还是普通人，我对它都兴致索然。不过我是一名应用数学家，而且还在以金融-管理学闻名的大学里任职。这样的背景使我很难对那些风靡一时的具体应用熟视无睹，但金融方面的数学问题在我看来并不是太有趣。我对投机倒是没有什么道德上的特殊看法。它的历史由来已久，人们可以自由地选择忽视它、反对它或参与其中——通过对其机制尽可能准确的描述来预测投机过度，甚至通过调节达到预防的效果。

大约在这一时期，我接到了让-米歇尔·拉斯里（Jean-Michel Lasry）的电话。那是一位大我9岁的数学家，不仅在CEREMADE实验室和我做了十几年的同事，还是巴黎九大实验室1971年成立时首批招募的研究人员之一。让-米歇尔的过人之处在于曾同时进修数学及经济学的大学课程。后来，他于20世纪80年代末辞去了教师-研究员一职，进而转战银行界。接到电话时，我已有一段时间没有他的消息了。让-米歇尔告诉我他现在供职于法国信托局（Caisse des Dépôts et Consignations），那是一家国有银行，负责对国有资产及投资进行管理。他在信托局里被委以重任，这要求他从总体上对金融市场——尤其是期权进行把握。

正如前文中说过的那样，我对金融领域的数学工程没什么兴趣，哪怕它们中有不少对我关于粘性解的理论大加应用。让-米歇尔绝顶聪明，他没有建议我去研究这一类问题，而是请我帮他探索一些新的途径。不过，他对可以采用的研究工具只有一个模糊的概念，我听后感到需要了解得更多些，于是答应与他见个面。那天，他十分机智地说出了这样一句神奇的话："我希望你能想出一个点子来——一个你从来没有思考过的点子。"不得不说他对我真的很了解，知道我这个人对这种提议向来缺乏抵抗力。

让我们以作弊的骰子为例。如何才能确定它被动过手脚呢？答案是：将其投掷上千次即可。几千次后，人们动过手脚的那一面会被投掷结果的平均频率揭示出来，这种统计计算法被称为"蒙特卡洛法"——一个对蒙特卡洛著名的赌博活动旁敲侧击的小绰号。

当我们在法国信托局再次会面时，让-米歇尔要我思考的点子正是关于蒙特卡洛法的优化问题。我们面对的问题可以这样描述：假设现在有为数众多的骰子，它们拥有成千上万个侧面，不仅每个侧面都迥然不同，且骰子均以不同的方式被人动过手脚。那么，如何在不以天文数字进行投掷的情况下知道人们对骰子耍的花招呢？就像粘性解一样，问题的关键是要在那些明显被动过手脚的和影响可忽略不计的之间进行筛选。应用于金融领域，这一方法能帮助我们更好地了解金融市场上各大参与者所遵循的"潜规则"和它们对市场的实际影响，从而更好地描述波动。最终，我们将得以确定认购期权时需要买入和卖出的股票数量以及合理的价格。

凭直觉，我觉得自己已经掌握了解题的关键，但尚不知道答案到底在哪儿。我喜欢这样的瞬间，它在我的职业生涯中屡见不鲜，仿佛我已相当清楚地看到了迷宫的尽头，只是说不清应该怎么走才能到达终点。我当时的直觉源于一段遥远的记忆，它被我和让-米歇尔的谈话从大脑的某个地方勾了出来。一切要追溯到10年前我参加过的一场学术会议。那天我们讨论的对象是"马利亚万随机分析"，那是一项十分大胆的概率学计算方法，以一位极其高龄、专攻抽象基础研究的法国数学家的名字而命名。马利亚万（Malliavin）受几何学的启发提出了这一方法，它微妙而晦涩（如果不说难以理解的话），哪怕经验丰富的数学家也要花个十几年才能搞清这一理论的巨大潜力。

虽然它看似与我和让-米歇尔所关注的问题无关，但不知是被什么指引着，那天的会议、会议上的发言、相关的内容却在我的记忆中苏醒过来。我立即与自己的朋友兼同事分享了这一想法，仿佛我突然间意识到了二者之间千丝万缕的关联，只是尚且无法给出一个具体的定义。

"我觉得用马利亚万随机分析应该可以解决问题。"我这样建议道，但还是担心自己并不了解这一方法具体指的是什么。

让-米歇尔立刻热情地回答："没错，就是它！我也说不清为什么，或者该怎么做，但你是对的，就是这样！"

这又一次颠覆了一个人们公认的观点——数学家的世界只受逻辑和理性推理支配！

在接下来的几天时间里，我仔细验证了我们两人提出的目标并非只是一纸空谈。事实证明，它的确不是。假设一经证实，我们便着手建立自己提出的理论，这就要求用马利亚万开发的工具对蒙特卡洛法进行建模。经过了几个月的努力，研究结果最终于1999年以论文的形式发表。数学和金融界立刻表现出了极大的兴趣，我们也因此屡屡获奖。论文发表时，马利亚万已有73岁高龄，他听说我们在其晦涩难懂的理论上有所发现后非常高兴，并欣慰地看到我们对他的研究成果进行了翻新，验证了这一理论与时俱进的实用性。

然而，让-米歇尔早在论文发表以前就离开了法国信托局，转而为法国巴黎银行（BNP Paribas）工作。他在巴黎银行位于伦敦的一家子公司担任研发总监，之后也经常向我委托一些咨询项目。我们一起对开发的模型进行了优化，更重要的是，我在合作中发现这些金融业的巨头完全忽视了应用数学中一些相当基础的概念。这就要求我们牢牢记住一点——数学模型有其局限性，我们必须对这些局限具备清楚的认识。

事实上，没有几个人愿意认真思考那些关系到流动性缺失、相关性增长或市场深度欠缺的局限性问题。市场行情的看好、快速获利的诱惑、羊群效应等都使人变得一叶障目，不愿进行反思。我至今依然记得在金融危机爆发前的几年里，一次，我应一些基金经理的要求为他们分析经济形势。演讲过程中，我表示"我们正走进死胡同"，那些人看上去一脸错愕——说实话，错愕这个词尚且用得太轻了。

就让我以市场深度为例进一步说明一下好了：假设我购买了一份期权，通过它，我承诺将在一年后以100欧元的价格买进1只股票。这是平常得不能再平常的事，数学模型将尽其所长，并预测交易成本。现在，请想象一下我将通过同一份期权承诺买进100万只股票——这一创举本身已经构成了一件大事，它将重新激发人们对股票的兴趣，抬高股价，进而影响市场。这种情况下，交易的成本绝不可能仅仅是先前成本的100万倍，遗憾的是，大多数银行采用的线性数学模型对这一后果并没有予以考虑。

于是，我和让-米歇尔及其继任者马雷克·穆塞拉（Marek Musiela）对法国巴黎银行这一金融巨头的现有模型进行了改进，并取得了明确的效果。在2008年的大危机中，巴黎银行是欧洲抗风险能力最强的几家银行之一，这在我看来与让-米歇尔和马雷克（我也定期为其提供帮助）的工作不无关系。此外，我还参加了一些数学金融方面的学术研讨会，但老实说，没有什么比那更无聊的了……

一些固执的人可能会说，我作为一个看淡金钱的人还是不止一次地为大金主们提供了服务。我不否认这样的事实。人们对金融寡头及其投机活动一向持有两种看法：一种是完全拒绝，并希望通过强制性手段彻底终结它；另一种观点更加务实一些，认为投机和人类的历史一样古老，与其空想将其抹杀，不如试着把它调整得更加合理、公道。正是出于这样的考虑，我一直试着以自己有限的水平用数学模型对金融危机进行事后分析，并希望金融工程师们可以由此得到更加全面的培养。

好奇心一直是我进行研究的核心动力，金融数学领域同样如此。不过，我这个人绝不会财迷心窍，否则我和让-米歇尔早就把我们的研究成果卖个大价钱了。我承认他和我一样衣食无忧，但我们绝不至于对钱爱到要用自己的研究成果赚个盆丰钵满的地步。

花旗银行也曾与我们取得联系。对方表示希望出资开发我们关于蒙特卡洛法的研究，但与这家银行的合作可谓限制重重，以至于我们要想赢得谈判非得打架不可!说起来,打架可是我们一点儿都不想做的事。或许,我也可以像美国数学家詹姆斯·西蒙斯(James Simons)[1]那样,创建一个基于我们的模型和理念的投资基金。我说不清如果那样做是否也能取得和他一样的经济成就,但有一点可以肯定——那会让我感到超级无聊。

---

[1] 詹姆斯·西蒙斯,美国著名数学家,也是全球收入最高的对冲基金经理。他的文艺复兴科技公司在全球市场进行投资,开发了诸多模型来进行分析和交易。

16

可持续乐观

我一向是个无可救药的乐观主义者。这一点实在无法改变。但我绝不是什么幼稚的家伙，作为一个关心时事的人，我很清楚世界的现状丝毫不让人感到欢欣鼓舞。尽管如此，我依然拒绝轻易陷入时下流行的"衰退论"中。这种乐观不仅是我性格中的一大特点，也与我的科学取向一脉相承。我相信技术的进步，也相信它有能力应对未来发起的挑战。此外，尽管可能会被心怀恶意的人所操纵，但科学本身没有意识形态，也就谈不上什么政治议程。科学家需要考虑的是如何对科学加以利用，并就其工作的伦理性问题一日三省。

这种信念也与我在21世纪初承担的第二大研究课题有关。当时，让-米歇尔·拉斯里提出了这样一个想法，即联合世界各地的研究人员，建立一个以"金融和可持续发展"为宗旨的科研机构（简称FDD组织）。那个年代，全球变暖和资源枯竭的警钟已经敲响，但无论是在与之相关的公共辩论中，还是在主流政界的发言里，金融和可持续发展都是两个截然不同的概念。人们认为二者所追求的目标是不可调和的，这样的舆论背景使我们的项目显得颇为荒唐。

但我和让-米歇尔的观点恰恰与之相反。在我们看来，人们完全有办法在二者之间牵线搭桥。一方面，要想实现可持续发展就要用到金融及经济工具；另一方面，金融也只有在可持续发展的基础上才能具有长远的意义。当媒体上那些一身灾难主义色彩的"专家"愁眉不展地谈论能源枯竭时，我们却希望能从相反的方向切入问题：能源（化石能源、太阳能、水力等）无处不在，事实上，它几乎可以说是取用不竭的。在我们看来，正确的问题应该这样提出：我们应该使用哪种能源，以什么样的成本进行开发，又如何实现与环境之间的平衡？至少在那个年代，这绝对是一种既务实又反主流的想法。

与人的交往在我的职业生涯中承担着重要角色，我在前文中对此已经有所阐述。而从科学的角度上讲，和让-米歇尔·拉斯里——一个总是目光炯炯有神、随和而开朗的人——的相识更可谓重中之重。在巴黎九大共事时，我们便发现彼此之间不仅拥有高师毕业生的一些共同点，作为知识分子同样意气相投。如果给我们两人提出某个问题，让我们像写完一个故事那样去解决它，那么您会看到，无论是他还是我都会兴奋地左思右想，然后把解决方案交到您手中。

当然，我们的亲近更是源于彼此之间的差异和互补性。当一个问题摆在眼前时，让-米歇尔简直就是个"点子大王"！当然，点子的质量难免参差不齐，但真的可以用层出不穷来形容。面对这么多可以挖掘的线索，我总会竖起耳朵、任大脑对其进行分类，然后凭空抓住一个与我的想象力不谋而合且值得深挖细究一下的思路。换句话说，让-米歇尔成吨地生产原矿，然后由我来寻找其中隐藏的宝石，我们这对二人组一直以这种方式展开工作，这已持续了40个年头。

我们那时的设想是建立一个简单而新颖的行政机构。它由挂靠巴黎九大及由我担任科学总监的路易-巴舍利耶研究院（Institut Louis-Bachelier）的研究人员以网络形式组成，但由私营企业出资赞助。这种公私结合的合作伙伴关系在当时颇具创新性，而且该机构只有一个在科学战略方面进行督导的"科学委员会"，除此之外没有正式持有人。

我们要联系的首批投资方及合伙人则是显而易见的。它们分别是法国电力公司（EDF）——法国能源领域的主要参与者；以及法国农业信贷银行（Crédit Agricole）——一家法国土地银行[1]，很早就展示出了成为法国首家绿色银行的雄心。上述两家企业都热情地回应了我们的请求，从而使我们的年度预算一举达到30万欧元。

一旦完成了行政和财务架构，我们就开始凭空摸索了。我们有三大思路：第一是在环境领域进行一些广义的数学、科学研究；第二，为了破除成见，我们要做一些定量分析，并为每个想到的有益思路提供严肃的数据支持；第三则是不加歧视地联合各个领域的学者，无论是数学家、金融学家还是经济学家，只要是人才，我们

---

[1] 土地银行是指主要经营土地存贷及与土地有关的长期信用业务的金融机构。法国农业信贷银行的业务包括为农民提供购买土地的信贷支持，并投入现代化的设备等。

都愿意招入麾下。

在这样的思想下,我们组织了第一次会议以确定优先研究的主题。但最初的几个月却有些徒劳无获。我们招纳的学者关注的问题各不相同,开会讨论的议题也就变得五花八门,从对碳排放征税的适用性评估,到加拿大水域中鱼类的自然资源状况……真的什么都有。尽管如此,我们还是一边考虑着相关学者的专业能力,一边慢慢地确定了优先研究的对象:能源市场无疑是一条值得挖掘的线索,另一个重点则是法兰西公学院经济学教授罗杰·盖斯纳里(Roger Guesnerie)提出的生态环境利率。

这个概念是由像盖斯纳里那样的经济学家们提出来的。其中值得一提的是英国经济学者尼古拉斯·斯特恩(Nicholas Stern),他曾围绕着气候变暖的影响撰写了一份著名报告,该报告甚至以他的名字而命名。斯特恩提出的问题大致可以总结如下:对环境项目的投资应该采用什么样的利率?这一问题涉及的利害关系是双重的:首先,我们要鼓励贷方发放贷款。鉴于贷方以营利为目的,它不可能简单地提供零利率贷款,那样往往会适得其反;同时,我们还要对这一利率加以控制来优化投资，并充分考虑到集体财产在可持续发展方面的特殊性——不同于汽车或电脑，它不会随着时间的推移而大幅贬值。要想把标尺放在二者之间的最佳位置上就需要复杂的数学模型，这也正是FDD组织启动时的一大研究重点。

在接下来的几年里，我们的机构日益壮大，不仅合作的学者达到100多人，研究主题也日益丰富。一些具体的课题需要对数学工具进行改进，有时甚至需要开发像"平均场博弈论"（Mean-Field Games）那样的新工具，具体的情况请容我稍后再谈。

鉴于前文已经对能源问题有所概述，我想自己总算可以就那些公众感兴趣的辩论谈一谈自己微不足道的观点了。以石油和天然气的生产为例，与普遍认识不同的是，我们并不认为它那么值得担忧，至少就可用储量而言。这么说可能会显得有些挑衅，但如果不计算寻找、开采矿脉所需的财政手段，"黑金"[1]作为一种资源几乎可以说是无限的。当然，从可持续发展和资源存储的角度出发，石油并非理想的未来能源，这一点我也有着清

---

1 "黑金"最早被用来形容石油，体现了石油的价值。

楚的认识。

页岩气曾在短时间内名声大噪，但很快又销声匿迹了，除了像在美国这样不尊重环境的国家以外。人们纷纷发声，谴责其开发会对环境造成灾难性影响。因为气体释放时需要对岩石进行爆破，此外还要添加工业液体，后者可能污染生产地的地下水及含水层。话说到这里我倒想问问，有人做过地质学调查以识别抵抗力更强的含水层类型吗？有人研究过对受污染的地下水进行净化的方法吗？法国在净化水方面拥有真正的专业知识，然而我们却已无法回答这些问题了。页岩气的研究遭到了禁止，理由是大型跨国公司可能会出于一己之私而对其进行不正当的使用。人们还没来得及找到正确的勘探、挖掘方式，那些矿脉就被合上了。这种禁止人们去思考的方式是多么的失败！人们总说页岩气是肮脏的，而且会一直肮脏下去——那么，就连补救的办法都不可以去想了吗？

不可再生能源中，核能比以往任何时候都更具争议性。但我仍愿意毫无保留地宣布，自己是个民用核能的拥护者。我深知核电造成的主要生态问题源于对核废料的处理，我也碰巧就这一敏感问题进行过研究，并撰写了一份关于矿石生命周期下游的报告。我当年的结论是我们极度缺乏核废料处理方面的高水平研究，但在过去的20多年里，情况终于有所改变。核废料的储存条件有了显著的改善，我也对我们在这方面知识的不断进步持乐观态度。

核能自然又会引出用电的问题。人们还没有充分意识到，数码产品（电脑、平板电脑、智能手机等）导致的耗电正爆炸式增长，一些研究甚至指出，数码产品将在不远的未来把电能吞噬殆尽！这就要求我们更加注重节约用电，哪怕这么做并不容易，而且我承认自己没能身体力行……但总的来说，如果问题没有从各个方面得到深度论证，我这个数学家就会感到有些不舒服。以电动汽车为例，如果综合评估它使用的电力的来源（法国以核能为主，其他欧洲国家更糟）、相关生产所消耗的能源、报废电池造成的污染，我并不觉得它是一种绿色出行方式。当然，这一评估随着人们的努力——比如对电池进行回收——会有所改善。发展电动车可以说是一个高尚的政治决策，但我们仍需就它对环境造成的影响进行重大调整，并清楚地向民众予以说明。

我们也对磷酸盐这一资源展开了研究。磷酸盐很少会被媒体报道，它广泛地存在于自然界，不仅散布在水中、土壤中、生物的身体里，在岩石中的含量尤其丰富。遗憾的是，磷酸盐的储量十分有限，一些模拟分析曾就此进行预测，结论是这一资源大约会在150年后枯竭。某些研究认为农业并不需要这种产品，单靠农业自身的技术便足以养活人类[1]。也许事实的确如此，但就算粮食的盈余能满足人类的需求，它的运输及对气候造成的影响也是个问题，更不用说相关生产成本了。无论如何，磷元素不可或缺，鉴于它并非总是存在于底土中，磷酸盐的添加便很难避免。在此基础上需要探讨的问题是：哪些地区应该使用，又该使用哪种磷酸盐呢？原则上讲，我也和大多数同胞一样支持发展绿色农业。但看到产品从千里之外运来实在让我感到难过，所以我更支持缩短运输线，推广一种更为合理化的农业。当然，我承认自己无力就这一议题作答，但我想自己总还有点儿提问的权利。此外我还注意到，相比于远方那些正面临沙漠化或气候异常、自然灾害频发的国家，"去磷酸盐

---

[1] 磷酸盐主要作为化肥来使用，法国的主流舆论近几年越来越反对在农业种植过程中添加农药或化肥，因此对磷酸盐颇多诟病。

化"的捍卫者往往更多地提及我们这些富国……但不管怎样，经济学的原则就是要一方面尽可能少地使用磷酸盐（哪怕是天然磷酸盐），另一方面加强关于集中使用这一资源的研究。

所幸我们还有可再生能源可供使用，比如风能，但这可是个十分庞大的话题。事实上，风力发电技术可能并没有人们宣传得那么好，举例来讲，我完全找不到有关风力发电机的理论产量与实际产量之间差异的精确数据。有人表示这一差距微乎其微，但也有人说它达到了30%……抛开这一数据不谈，风能的低产量、间歇性发电的特点、可观的维护成本似乎都已得到了证实。因此请一定记住，间歇性能源无法完全取代核能，否则我们将不得不用天然气（或更不环保的物质）来进行补充发电。

人们还常说风力发电站破坏风景。我承认自己对这一观点十分关注，但我并不认为在人类的共同财产中应该对生活环境另眼相看。不过，风力发电还有一个鲜为人知的弊端，那就是发电机运行时的震动也会对地下造成震荡，从而破坏地下的动植物群落。近海风力发电站则常常使渔民担心它对鱼类的影响，因为发电机本身可能造成污染，但更多的细节我们不得而知。

在巴西东北部，我目睹了风能给陆地带来的不利影响。沿海地区由大片潮湿的沙丘组成，湖泊和交错的河流纵横其间，看上去十分壮丽。那里经常刮风，几年前，风力发电机便在当地一字排开，延绵了几公里。今天，湿润的沙丘开始变得干涸，而风车的底部却有小溪流动。人们告诉我，这是风车的震动在地下造成的裂缝，水便一点点地渗入其中。面对这种情况，数学家的结论总是一如既往：是的，这是风力发电造成的。我们不会掩盖问题，只会展开研究来解决问题。

太阳能作为一种可再生能源似乎得到了普遍认可。我对它的重要性深信不疑，但从一个法国公民的简单要求出发，我仍然希望就它的各个因素——太阳能电池板的生产、材料的回收、土壤的使用——进行一个全面总结。化学家朋友们告诉我，光伏发电所使用的元件已取得了重大进步，这也让我对未来的更多改进拭目以待。另一方面，不全面依赖他国工厂生产的电池板（组件中尤其重要的部分）也许是个可取的选择。

节能必不可少。但以什么样的程度、在什么样的范围、以什么样的成本进行节能，都需要我们去思考。我们无疑要发展可再生能源，加大节能减排力度，但应该更清醒地从全局把握问题，并及时向公民予以通报。

能源的稀缺性和多样化使用令我感到忧心，但是人们就气候变暖所预测的前景才真正让我感到恐惧。我并非气候学家，所以只是作为一个公民来看待这个问题。可我同时又有着扎实的科学背景，正是为此，我想自己有义务向大家分享这样一个理念：不，科学没有证实人为活动（简单地说即人类活动）是气候变暖的原因，这当中没有什么无可争辩的证据。是的，事实就是这样。与之相关的迹象、线索很多，在我看来，它多到足以让我们认真对待这一假设。

我们必须尽快采取行动来遏制气候变暖，为此，我用模型对未来温度的涨幅进行了预测。早前，两个法国人的预测结果是直到21世纪末，全球平均气温将上升7度！我不知道他们采用了什么方法，但我很了解提出全球平均气温大约将上升2度的研究，它采用的是经过验证的著名模型。可见，第二种情况的可信度应该更高，但这也丝毫无法让人释怀。

那么，使用这些模型就能确保万无一失么？不是的。原因在于，我们无法通过实验对它们加以验证。尽管如此，气候模型所取得的进步却是毋庸置疑的。这么说是因为我对具体情况一清二楚：设计它们的科学家往往大量使用我十分熟悉的数学模型，以及涉及流体力学的数学方程。当然，这些预测模型——例如"政府间气候变化专门委员会"（GIEC）的报告里引用的那些——可能还不够完美或不够精确，但却已代表了时下的最高水准，还是让我们给予它们充分的信任吧。

除了对全球气候变暖的预测和随之而来的科学辩论外，另一个更不起眼、从而经常被人们忽视的现象让我尤为担心。那就是局部地区气温或风速的振荡问题。这已是既定事实，也就不必光是展望什么未来了。观察表明，局部地区的温度在短时间内存在巨大差异，这样的信号着实令人感到不安。请允许我用夸张一点的例子具体说明一下。假设某地区的气温平均增长了2度，但在同一时期，这一增长却呈现以下形式：第一天，气温增加了10度；第二天，气温又下降了6度。这种情况下，该地区气温的平均增长值的确是2度，但它造成的后果却截然不同，对生物而言，情况更是如此。上述现象可能引发诸多灾难，包括洪水、严重的干旱、特有物种的灭绝……光是想想都令人不寒而栗。我们尚没有足够的数据和历史参照来断言这些变化正在扩大，但我想再次重申，相关线索比比皆是，已经足以让我们提高警惕。

尽管如此，我依然不愿做个悲观主义者，也永远不会为"崩溃论"发声。也许我这么说显得过于天真，但即使在最差情况下，我依然无法想象人类有可能因为对环境的忽视和无动于衷而濒临灭绝。当然，我也十分担心大规模自然灾害会在迄今为止得到保护的地区成倍增加、愈演愈烈，它将引发的种种状况不难猜想——从地图上消失的人口、被海水淹没的陆地、为获取水资源而引发的局部战争，更不用说病毒传播的未知疾病了。但很显然，和沉没的沿海小岛或被撒哈拉吞噬的荒漠地带相比，我们法国人生活的地域并不能说受到了当前气候危机的巨大影响，我们自身的生活环境早已让那种谣言不攻自破了。

我对末日论终将被挫败抱有希望，这并非出于什么有效的、经过验证的数学理论，而是因为我对年青一代满怀信心，哪怕这种想法并没有那么科学。事实上，年轻人每天都在如火如荼地展开行动。他们互相动员，团结起来组织抗议，对上一辈人的急功近利痛下针砭——从这些事中，我看到了保持乐观的决定性理由。因为刨除一些狭隘的争吵以及有时毫无结果的科学辩论，年轻人终于明白了那个没人愿意冒险谈论的事实：我们给他们留下了一个千疮百孔的地球，他们必须努力对它进行修复。当然，对下一代抱有信心也不妨碍我们自己立即动手，展开行动！

就与环境相关的各种话题而言，我一直为自己无法拥有一个全局观而深感沮丧。无论是在公开辩论中还是在我有幸查阅的报告里，它们似乎总是在某些方面存在纰漏……可惜我不是上述任何一个领域的专家，因此，我能做的就只剩下提出问题了。但作为一个有着病态好奇心的公民，我还是希望能看到针对这些议题的完整总结，不要再出现这样或那样的漏洞。此外，我坚决反对某种表示这些问题过于技术性、从而无法与公众分享的观点。知识只有建立在集体性、协作性的基础上才有意义，而绝非少数人的特权。很多时候，当权者的言行举止就好像在说他们比普通人懂得更多似的，更不用说那句"如果你们不同意，那就是你们没听懂"的演讲了！这种态度不仅会危及民主，更会激起民众的合法愤怒。说到底，每个人都能很好地理解问题——哪怕是高中数学。

17

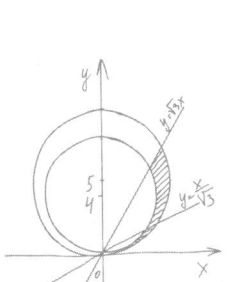

戴高乐广场

我相信FDD组织在如何实现金融和环保的最佳组合上做出了具体而卓越的贡献。其中，"绿色评分"这一概念在公开辩论中也被提到过，它的理念十分简单：银行将按照其投资的项目得到一个相应的分数，通过这种方式，我们可以对良好的投资行为予以鼓励。接下来的问题则是要制定一个合理且可靠的评分流程，而这恰恰是FDD组织的一大贡献。我希望它在未来能帮助我们建立一个严肃的、国际公认的评分系统，并为其提供基础与模型。上面说的这些只是所谓"绿色金融"众多研究主题中的一个小例子。法国的科研水平足以成为这一领域在世界范围内的领头羊，正如众多科学家（我也是其中之一）2019年夏于《世界报》上联合发表的专栏文章中所解释的那样[1]。

从更加个人化的角度出发,多亏了FDD组织,我在让-米歇尔·拉斯里的协助下就一个新出现的课题展开了研究。它被称为"平均场博弈论",无论是从数学还是其应用的角度来看都是一个崭新的题目。

我们是在对FDD的研究主题进行一般性考察时发现的这个全新的"游乐场"——这么说在我看来恰如其分。事实上,所谓可持续发展就意味着遥远的前景和众多的参与者,遗憾的是,传统的经济学定量方法只以单一主体为基础,也就是说,它只考虑这个唯一参与者的理性(最优)选择。换言之,其他参与者带来的外部影响并没有被统计在内。但在可持续发展这样的大背景下,我们无法忽略其他相关方,很多时候,计算他们的外部影响是个不可或缺的环节。无论是积极参与环境建设,还是单纯地模仿他人行为,这些参与者都深深影响着我们的决策,这样的效应其实很容易理解。

举例来讲,假如有一个关心地球未来的公民决定购

---

[1] 联名文章:《面对气候危机,科学家必须减少其对环境的影响》,《世界报》,2019年3月19日。——作者注

买电动汽车，传统的定量方法就会围绕着成本/收益等数字化数据来分析他选择的理由。比如，这位公民认为花多少钱来进行这项投资比较合适？电池的续航能力应该如何？他是否受到了政府补贴政策的影响？他的决定是否源于燃油价格的上涨？……所有这些信息都大有裨益且发人深省，但如果该公民的动机更多的是出于对环境的忧虑，这种定量方法就会显得捉襟见肘了。

一个决定性因素在上述方法中有所缺失，那就是我们周围其他人的选择。仔细想想就会发现，我们这位电动车的购买者未必只是从基于定量数据的理性选择出发，他很可能仅仅是为电动车而着迷，因为其他人早在他之前就已被征服了。他可能见过自己的街区或十字路口停靠的电动车，甚至他的邻居、姐夫、办公室同事已经干脆利落地买了一辆。无意中，风靡社会的电动车热对他产生了影响，一项5年前看起来古怪且具有风险的投资现在却变得稀松平常了。

这种群体效应还不止于此。在购买电动车的过程中，我们这位关心环境的公民在自己的小圈子里也会强化别人对电动车的好感，甚至说服其他人对其进行效仿。可见，就购买电动车这一普遍行为而言，他既是对象又是参与者，那种模仿式行为在他身上也就得以合理化了。

这种现象在经济学中广为人知，它的影响不仅会作用于整个经济环境，有时还会产生意想不到的后果。它存在于大多数技术转型中，并会带动转型加速。而从数学的角度来看，对众多经济参与者行为的预测又要使用到最优控制（如果参与者的数量可以被限定为一个的话），但总的来说，我们还要用到另一个为数学家及部分公众所熟知的研究方法，那就是博弈论。

博弈论于20世纪40年代中期及50年代初先后因美国学者冯·诺伊曼及约翰·福布斯·纳什（John Fobes Nash）的研究而变得家喻户晓。它试图以数学方式就自然人（参与者）的决策进行建模，并服从于一系列有限的选择（博弈），其结果（赢或输）取决于博弈中所有参与者的决定。

"囚徒困境"是帮助理解博弈论的经典案例，它描述了这样一种情况：同一起抢劫案的两名嫌犯被警方逮捕并单独审讯。如果二人均对其罪行供认不讳，那么每个人都会被判1个月监禁；如果二人都选择保持沉默，那么每个人都会被监禁5年。同时，摆在他们面前的还有第三种可能——如果嫌犯之一选择揭发同伙，而后者依然保持沉默，那么第一个人将被无罪释放，第二个人将被判刑10年。提出囚徒困境的美国数学家阿尔伯特·塔克（Albert Tucker）指出，两名嫌犯客观上的最佳选择就是进行合作，保持沉默。但在无法沟通的情况下，他们往往会为了无罪释放而选择背叛彼此，遗憾的是，他们并不知道这样做恰恰会给双方带来最坏的结局。

鉴于博弈论介于数学和行为分析学之间，它迅速得到了旨在预测市场各参与者（消费者、工薪阶层、企业领导等）行为的经济学家的青睐。这些相关方一方面受制于买、卖、投资等决策，另一方面又会对市场造成影响。但由于博弈论在数学方面极为复杂且难以掌握，这一理论长期以来只适用于参与人数有限的情况——2人、3人、5人，人数在20人以内，超出了这个数量，可能性的范围就会过大，从而难以用准确的方式模拟他们彼此之间的行为及造成的结果。

我和让-米歇尔认为博弈论非常适合进行可持续发展方面的研究。跟其他领域相比，我们在可持续发展方面做出的选择更是以他人的选择为基础，就像我们对他们施加的影响一样。还是以电动车为例：假设全国都开柴油车，那么购买更加环保但价格昂贵的电动车还有什么意义呢？但当电动车持有者的数量达到一定规模时，这一推理就会被彻底颠倒过来：电动车的成本将会下降，对环境的贡献也将得以彰显——这时，大家才能真正看出持有电动车的意义。

这里留给我们的数学难题在于受上述社会选择影响的参与者远远不止20人。如上所述，一旦突破了这个上限，传统的博弈论模型便会显得捉襟见肘，因为当参与者达到1万或10万人时，我们完全无法单独考虑他们每个人的决策及给他人造成的影响。这就要求我们另辟蹊径，开发一种能够简化描述的方法，从而识别现实中常有的一致性选择。换句话说，我们需要用某种方法把代表每个人的点连接起来，形成一个反映趋势的图形，这些趋势虽有共同之处但极具说明性，我们从中可以得到有益的信息。

就这样，我和让-米歇尔开始思考解决问题的方法。我们认为最佳的思路就是集合每个参与者的决定，就他们每人给其他人施加的影响取一个平均值。——您可能觉得这个概念不太清楚？老实说，我们最开始也不太明白。直到有一天，让-米歇尔一脸亢奋地闯进我在巴黎九大的实验室，就像他经常做的那样，既不事先打个招呼也不敲门。

"我找到办法了！我们来模拟戴高乐广场周围的车流好了！"他出其不意地宣布，仿佛突然找到了突破口。

要说我对他的突然闯入"持谨慎态度"绝对只是个委婉的说法。说真的，我实在想不通戴高乐广场的车流对我们研究的问题能有什么用！不过，我了解这个家伙，所以并没有说出这句刻薄话，而是选择了洗耳恭听。让-米歇尔走到我办公室的黑板前，抓起一支粉笔，写下了一串串满是计算错误的公式，最终得出了一个平淡无奇且与我们考虑的情况一点儿关系都没有的方程……但在我那姑且可以称作"半信半疑"的表情前，他还是锲而不舍地说："你看嘛，这说明车流是呈圆形移动的。"

尽管不怎么相信他对戴高乐广场的建模，我还是觉得自己这位同事在谈到汽车流量时指出了一些有趣的东西。必须承认，除了他那堆不值一哂的草稿，这一类比所暗示的整体思路还是颇具潜力的。

戴高乐广场为巴黎司机提供了很好的驾驶体验：驶入转盘的车辆优先于已经在那里行驶的车辆——这与环

形交叉路口的情况恰好相反。从理论上讲，它构成了实践中的一种冲突区域，想要安全驶出的唯一方法就是实时地、以最佳方式预估并适应其他司机的行为及反应，转换成数学语言，即每个人都将对周围其他司机的选择进行整体分析，从而尝试可能的最佳选择。

而在这个并不让我完全信服的例子以外，那个毫无新意的方程式的推理过程同样值得深究。在我看来，这个例子中看似自然的部分似乎可以用数学方法再推敲一下，之后便能拓展性地应用于多种情况。

就这样，我们感到自己掌握了某种重要的东西。它的应用可能多种多样，也可能十分具体。我们将得以对无数大同小异的参与者做出选择的各种情况进行建模，从而实现预测。一想到这儿，我和让-米歇尔不由得兴高采烈、热情高涨——要知道，这对我们来说可是不常见的。方程的整体架构已经在我们的眼中浮现出来；我们甚至意识到，最终的结果可能不是一组最终的、可识别的方程，而将以工具包的形式得到展现。从这个决定性的瞬间开始，我深知二人组中更擅长数学的那个人（也就是我）要准备好按图索骥了。

让-米歇尔也持有同样的观点。他这样说道："轮到你来干了!"

这一幕发生在21世纪初。而用数学方式理解并描述我们锁定的目标又花费了我们几年时间。从那时起,我开始在各种会议上介绍我们在这方面取得的进展,但大多数情况下人们的反应往往是——"我完全听不懂这个人在说什么"。哪怕每个人都能理解平均场博弈论背后的推理,它在数学上的障碍依然巨大。我们必须把来源于力学、统计物理学、最优控制的各种方程汇集到同一个理论中,这就好比建筑师要建一栋两层小楼,单独建造的每一层都十分坚固,但只要把它们叠加在一起就有可能造成整栋建筑的坍塌。

2006年,我和让-米歇尔共同发表了第一篇关于平均场博弈论的论文,它取得的影响可谓立竿见影,此后,相关的研究也络绎不绝。全球每3个月就会在某处召开关于这一主题的研讨会;围绕它发表的学术论文同样不胜枚举,不管其作者是数学家、工程师、经济学家,还是物理学家……此外,这一课题的应用场景也如我们希望的一样丰富。我们可以对多种情况进行建模,比如人群的运动、特定区域内的汽车流量、互联网用户在社交网络上的行为、可耗尽或部分可再生能源的消费和生产，甚至金融市场上的股价波动，等等。毫不夸张地说，用不了一周，一个新的应用理念就会诞生，只要有大量人群产生互动，平均场博弈论就会针对他们彼此所采取的"平均态度"作答，从而表现出人群的总体趋势。

看到各种应用前景方兴未艾，我们感到是时候以合适的方式好好利用一下自己的发现了！2009年，我们成立了一家名为MFG Labs的初创公司，第一批客户中包括法国农业信贷银行和法国巴黎银行——不出所料，他们对平均场博弈论在金融领域的应用表现出了兴趣。在首批订单的帮助下，我们的团队迅速壮大，经营了大约两年之后，员工人数甚至达到了30人。他们中包括软件工程师、数学家、数据分析师……平均场博弈论需要各种专业技能。现在回想起来，我们可以算是第一批"大数据"公司了。这个词在今天已经成了个大杂烩，但它还是很好地描述了对数据的收集、处理、前景分析等工作，而这正是平均场博弈论的基础。

此外，鉴于其新颖性，探索互联网用户在社交网络上的行为似乎也是我们可以快速深入的一大研究领域。美国娱乐业巨头华纳兄弟的法国子公司主动登门造访，为我们提供了宝贵的机会。他们希望建立一个名为"My Warner"的忠实用户俱乐部，这些用户可以在那里访问各种独家内容，我们则受委托对俱乐部进行管理。这就要求我们用平均场博弈论来分析访问网页的粉丝的习惯与品味，向其推荐合适的独家免费内容，最终目标则是要把他们转变为付费内容的消费者。为了实现这一目标，我们拥有一系列工具（游戏、赠品、电影预告片……），之后则需要根据订阅者的行为以最有效的方式对其进行推送。这一战略所带来的效益十分可观，付费内容的销售额最差时也翻了一番，最好时则是原先的10倍。

但在这次有趣的经历结束后不久，我和让-米歇尔就将MFG Labs卖给了法国通信和营销行业的巨头哈瓦斯集团（Havas）[1]。游戏的兴奋已成过眼云烟——我们已成功地将直觉转化成了理论，又用实际应用对它加以检验。而为出售MFG Labs进行谈判的3个月极其无聊，我不得不处理与数学乐趣相去甚远的各种财务、后勤问

---

[1] 法国最大的广告与传播集团，全球六大广告和传媒集团之一。业务遍布全球77个国家，有一万多名雇员。

题，虽然我喜欢冒险创建并运营一家初创公司，但作为创始人要面对的那些管理限制实在让我兴致索然。

当然，我们也无法忽略自己的工作在伦理上面临的深层质问。My Warner网页项目的成就会不会是一个操纵个人的可怕例子呢？我个人无论过去还是现在一直坚信一点：互联网用户数据的使用和分析事关重大，我们必须具体问题具体看待。2015年，英国数据分析公司Cambridge Analytica传出丑闻：Facebook瞒着用户，向这家在政界拥有影响力的英国公司提供用户数据！曝光后，问题就此公之于世，直到今天依然不能说得到了解决（哪怕欧洲试图通过立法就此阐明立场）。

但我们的工作应该还是合乎道德的。一方面，My Warner的用户完全知情，且他们的数据从没离开这一网站；另一方面，他们也得到了真正的补偿（例如电影院的座位）。从更广泛的角度来讲，个人数据虽然很难量化，但明显具有真正的经济价值。随之而来的问题则是如何在没有补偿的情况下对它们加以利用。举例来说，导航软件Waze除了免费使用外便不再给成千上万的汽车用户提供任何东西了——但恰恰是这些用户的使用让软件得以运行，进而获利（请比较一下，谷歌为了获取用户花了多少钱！）；Facebook曾宣布要创建属于自己的虚拟货币"天秤座"，这倒为上述问题开创了一个有趣的途径，因为Facebook或许可以用它来支付用户报酬，从而使用他们在社交网络上的数据。

言归正传，平均场博弈论的出发点是要理解可持续发展背景下的经济选择，我和让－米歇尔一直把这个初衷铭记于心。当局可以使用我们开发的工具研究或预测公民面对环境问题时的行为，比如他们可以通过平均场博弈论来预测政府的援助性政策对购买热泵、光伏电池板或电动汽车的影响。但据我所知，没有一位现任政要表示过希望使用这一工具，至少我本人从没直接接到过这样的联系。我倒是听说似乎有不少能源转型方面的政治讲话，但为了实现这一转型，各种可能的措施都应该尽快落实，刻不容缓。

更糟糕的是，在路易－巴舍利耶研究院的帮助下，我和一些地方经济领域的参与者合作，建议法国国家科研署（ANR）开展一些地区经济研究（采集数据，之后通过平均场博弈论对激励政策进行建模），对方却仅仅礼貌地将我们拒之门外——甚至连是谁审阅的议案都无从知道！一年多以后"黄马甲"运动爆发，至少该运动的第一阶段使我更坚信我们的看法是对的。

您看,就像大家公认的那样,除了数学,数学家什么都不懂……

18

「数据」时代

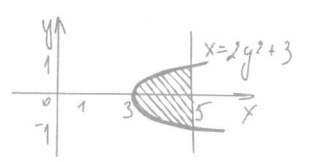

我在自己的研究生涯中有幸供职于多个公共、私人科学委员会，这样的经历促使我对技术进步这一问题展开了思考——未来将会留给我们什么呢？我思前想后，找到的答案微妙又有趣，在这里也很愿意和您一同分享：我无从得知，也没有人能够知道。

历史一再证明，巨大的技术飞跃本质上是不可预知的。哪怕一个绝顶聪明的人能预见到重大的技术突破，我们也无法得知它的问世到底要花费多久。比如，手机诞生于20世纪90年代初，当时的一些科学巨匠曾预言它将伴随互联网的出现迅速普及，但手机最终成为今天的大众消费品却是在15年后，随着应用程序的开发才得以实现的。

数字是统治我们生活的这个世界的唯一媒体。无论文本、图像、视频，还是其他人类文明的产物，今天都会被计算机转化成由0和1所组成的序列，并由单一通道进行传输。这一技术进步意义重大，它的实现只有一次被伟大的科学家阿达·洛芙莱斯（Ada Lovelace）预测过，更确切地说，是她指明了这一进步的现实。

洛芙莱斯是我敬仰的一位女英雄。有人说她是第一位现代女科学家，但我认为，她首先是那个时代各个领域里最具远见的学者之一。作为19世纪早期英国诗人、人文主义者拜伦勋爵的女儿，洛芙莱斯的研究围绕着计算机鼻祖查尔斯·巴贝奇（Charles Babbage）的分析机展开，从而一跃成为公认的信息科学领域的先驱。她的大学论文远远领先于当时的机器拥有的计算能力，由此开发的编程算法今天看来也许是人类历史上的首创。而伴随着这一理论工作，人们也深切地理解到其发现所带来的种种可能：所有可量化的东西都可由机器自动进行处理及计算，而这恰恰是对我们今天所生活的这个数字化社会的预言。

当前的技术进步主要以提高算法的计算能力为主旨，这些算法处理的数据变得越来越庞大，也越来越复杂。与此相关的概念有三个——大数据、人工智能、深度学习，但它们往往会被媒体错误而笼统地归类到"人工智能"的大旗下，完全不考虑三者之间的细小差别。许多初创公司也乐于助长这一概念上的混淆，他们喜欢自封为人工智能技术公司，但其技术却完全不具备人工智能起码的特点。我在这里无意用短短几行就上述主题展开论述，因此仅提供一些观察，希望能够成为您的参考。

人工智能的背后隐藏着算法。其中，深度学习最广为人知，但还有很多别的算法同样属于"机器学习"的范畴，与前者不同，它们已经被人类理解并掌握。这些算法会对数量巨大的数据（大数据）展开操作——顺带一提，深度学习之类的算法在能源消耗上的成本也是巨大的。此外，深度学习的基础是被称为"神经元网络"的算法工具，它与人类大脑的运转机能类似，在早期曾取得过有益却有限的成就，日后却随着深度学习技术的问世而被大大超越了。

得益于计算能力的突飞猛进，深度学习能够让规模远远大于早期网络的神经元网络发挥作用。简单来说，您可以想象一个用来传输数据的网络管道，在深度学习的帮助下，我们已经能够对管道数量倍增的大型网络进行管理，而不改变管道的技术规则。

深度学习在某些情况下会得出良好，甚至是出色的结果。该技术的拥护者常常这样说，怀疑它的人有时也会这样讲。不过，它虽为我们提供了数值结果，却没有解释相关的推导步骤，这就让我们在科学上处于一个模糊的状态。要想解开这些计算奥秘就要打开深度学习的黑匣子，在我看来那无疑是一项重大的科学挑战，因为没有真正的理解，我们就不能完全相信它作出的预测。

此外，人类创建的数据还有另一个障碍，那就是缺乏对参与者战略行为的考虑及建模。以所谓智能电表为例：首先它们会收集大量有关家庭用电量的数据，之后将通过处理算法来制定新的电价标准。而一旦这一新的价格生效，我们这些参与者就有可能改变行为模式，并以符合自身利益的方式来用电，就像当初设立高峰及低峰时段时人们所做的那样。这样一来，之前使用的数据便会快速失效，相关工作的意义也就十分有限了。我们无疑要使用数据，但只有把它和参与者的行为模型结合在一起才能得到恰当的结果。没有添加模型的算法仅适用于数据创建不受其处理影响的情况。

图像识别作为近年来技术进步的一大实例，清楚地展示了深度学习的工作原理。从一个庞大的数据库（此处指照片）出发，假如我们现在要对动物进行识别并加以区分，那么第一步工作就是丰富动物识别算法，使其尽可能多地覆盖各类物种及可能的形状。接下来，我们把要识别的动物图像——例如大象的照片——提交给算法，程序就会启动自身的神经网络来判断正确的物种。用最简单的方式来讲，算法会理解由长鼻子、大耳朵、小眼睛、魁梧的身材等元素所组成的动物即为大象。值得一提的是，图像识别技术近年来日新月异、成功率已接近90%，可识别的范围也从动物扩展到了人及日常用品。

尽管如此，算法依然可能失败，这又该如何解释呢？糟糕的图像质量自然会导致识别失败，但有的时候，程序只是单纯地无法对明显的东西予以辨认。为什么会有这种情况发生？大多数时候，答案仍是一个谜团。同样令人费解的还有另一件事：自动翻译近年来成绩斐然，实现了比图像识别更为艰苦的飞跃（其实二者是基于同一原理），但它也只能准确翻译彼此间比较接近的语言。又是什么造成了这样的差异？是管道的质量

（参数的精度）或数量（参数的数量）造成了失误，还是我们缺乏对这些算法的真正理解？至今，科学依然对这些问题束手无策。

为了减少算法中的翻译错误，一些计算机专家通过增加管道的数量——用大脑的类比来说就是神经元的层数——来强化计算能力。但在信息科学中，单靠计算能力是无法解决一切的。现在，就让我们来介绍一下"湍流"这个神秘的例子，事实证明，哪怕上述能力不断强化，湍流之谜依然坚不可摧。

在流体力学中，湍流指液体或气体的一种特定状态。它类似于旋涡，这种状态下流体的速度、方向和位置会一直不断变化。湍流往往出现在特定情况下，比如客机起飞时就会在背后生成巨大的湍流，故而两次起飞之间务必留出一些时间，以便让湍流消散；而如果一架小型观光机紧随大型飞机起飞，那么，它很可能会因为卷入湍流而解体……这些现象很难建模，因此很难预测。一些科学家曾提出，这个世纪之谜是敌不过最新一代机器及算法强大的计算能力的。但截至目前，尽管超级计算机团队已为此花费了数百万美元，湍流的力学奥秘还远远没有被解开。

尽管上述失败缺乏科学方面的论证，人们对数据处理的热忱仍丝毫不减。图像识别技术的进步还将帮助自动驾驶汽车识别环境、信号装置、道路限制等，从而有望使这一著名的交通工具在未来投入使用。谷歌、特斯拉和其他公司几乎每天都在媒体上宣传他们在该技术上取得的重大进展，即使如此，90%甚至99%的成功率在人命攸关时仍嫌不足，因此务必当心新闻媒体在这一问题上故意煽动热情，催生误解。只要我们尚未掌握图像或文本识别成功（或不成功）的具体科学原因，完全无人驾驶的汽车就还不具备上路的可能。

深度学习的成败之谜到底是什么？尽管我尚未找到决定性的答案，但可以肯定的是，这些算法哪怕再强大，现阶段也与人工智能无关。截至目前，还没有任何一种算法具备独立的自主思考能力。它们在最好的情况下也只能预测并制定适应性策略，从而更快给出预期的答案。这样的能力在技术层面无疑已经十分强大，但还远远没有达到人类的智能水平，何况对后者的原动力我们也只是一知半解而已。神经科学有望在长期内取得进步，但道阻且长，人工智能的实现也需要长久的努力。

此外，我认为相较于什么人工智能、深度学习、大数据，"有意义的数据"（meaningful data）这个叫法也许更为恰当、中肯。因为现有的算法只是针对数据进行处理。当然，它极其精细，且能就海量数据展开高质量的分析，但也不过如此。说到底，它们无力发现隐藏的信息，即那些深藏不露的精华所在。此外，这些算法只能根据人们提交的数据就某个提问进行作答，由于缺乏可靠性，其预测能力也有着种种局限。它们提供的应用绝不是无限的，能解决的问题也不一定那么难。我的同事及朋友——著名计算机专家杰拉德·贝利（Gerard Berry）经常使用"低挂水果"一词来形容这一点，言下之意就是，我们只摘到了那些不用太费力就能够得到的水果，仅此而已。

不过，就算有着种种局限，数据处理算法依旧充斥着我们的日常。正如MFG Labs为华纳公司交付的项目那样，社交网络和商业网站为了更好地理解用户习惯，经常求助于这些算法，以便为用户提供符合他们特点的服务或内容。这一策略的效果显然有目共睹，旧的营销手段正经历着深刻的变化，哪怕说到底，那不过是新瓶装着旧酒，但我们还是成功地以更加现代化、更加符合每个消费者的方式实现了推陈出新。不过，除了这些数据的价值和可以考虑的各种补贴外,我们还需直面另一个问题——算法是基于什么样的基础来对人进行分类的?它在收集了每个人的资料、品味、习惯后,又会以什么样的标准来进行总结?

有关这种算法的另一个具体例子是名为Parcoursup的软件。它突如其来地闯入了我们的生活,不仅面临着同样的质问,还产生了更为严重的后果。这款软件专门面向高中毕业生,它会收集未来每一位考生高考后的入学志愿,之后根据学生的成绩、居住地等标准为其分配学校。

人们就软件算法的不透明性,也就是产生结果的规则问题提出了各种正当的批评。为了回应争议,法国于2018年5月颁布了"Parcoursup法案",我曾粗略地看了个大概,但并未深究其核心内容。在我看来,软件的算法在技术方面没有问题,其中甚至有一些我认得出来的运行规则,比如如何衡量学校和学生住处之间的距离,等等。而Parcoursup法案只不过是提供了一种虚假的透明度,无论是对于公众——他们是完全无法读懂相关纲要的——还是我这样的专家,它都无法带来真正的启示。与其颁布一个不完全且晦涩难懂的规章,政府其实只需对简单的疑问作答即可：该软件到底采用了什么样的标准？它的权重又是什么？

事实上，这一灰色地带恰恰揭示了一个被人们忽略的偏差问题。换句话说，就是算法的参数该如何设置，也就是命令该程序进行取舍的游戏规则到底是什么。因为，与人们的想象不同的是，数据处理并不是中立的，它会从各种已知的数据出发，创建图表、模型、概念，从而提取有用的信息以回答系统的提问。在我看来，这正是应该优先保障的一大环节。归根结底，如果数据库本身已经存在偏差，那么算法也只会对其进行复制。

举例来说，假如我们先后在算法中输入20世纪所有科学巨匠及数百名自然科学专业学生的照片，之后命令算法从中找出未来的科学天才。那么根据已知的信息，算法将仅仅选定戴眼镜的白人男性——我十分怀疑这样的答案是否符合问题的出发点。

美国数学家凯西·奥尼尔（Cathy O'Neil）在她那本生动的著作《算法霸权》(*Weapons of Math Destruction*)中盘点了美国现行数据处理算法的各种偏差。其中，作者详细分析了一项"客观"评估华盛顿州数学教师业务能力的系统，进而指出了它是如何导致优秀教师遭到解雇的。评估标准中的一项是每位教师过去给学生上过的课程，讲高等课程的教师能够顺理成章地在系统中获得好评，但这种方法忽略了一点：一些优秀教师执教的班级其实成绩很差，他们通过自身的努力与才能也仅仅能让部分学生继续深造，但对算法而言，这样的成绩却不足为据。算法只会优先考虑那些带尖子班的老师，后者只需保持班级的总体成绩——甚至成绩不要下降太多即可。

在同一本书中，另一个有关偏差的例子不仅更加夸张，甚至令人头晕目眩。美国好几个城市的警察都在使用一种算法，它通过对犯罪统计的分析来识别那些犯罪率更高的街区，并在被锁定的街区强化部署，从而防范更多罪行。在算法分析的各种统计数据中，逮捕率也是一大因素，但通过定义，逮捕率更高的街区原则上已由警方加强了戒备，这就使得算法得出了一个古怪的循环效应——警察已经无处不在的街区将进一步加强警力！警察越多，犯罪记录就越多，逮捕率也就越高……如此反复，恶性循环。这些地区的居民本来就是穷人、少数民族，他们为此遭到诬蔑，就业困难，这样做反而增加了犯罪的风险。可见，算法并非只对预先存在的情况予以确认，它还可能强化它们。此外，这种方法只能识别那些很容易被警方发现的小偷小摸，比如扒窃或小型非法交易等，大型犯罪（尤其是白领犯罪）仍然可以继续不受关注。

我对人工智能的实际成就有所怀疑，更担心这一技术的黑匣子将给人类及社会带来不确定的后果。除此以外，我还坚信一点，那就是大量的算法未来将由于耗能巨大而被迫中止。数据世界要求我们发明、开发那些人类已经深谙其理的机器和算法，且后者必须尽量做到节能才行。

面对技术的迅猛发展和那些夸夸其谈、对其进步妄作预言的人，我的观点是我们应当保持必要的警惕，且必须重拾谦虚的态度。科学创新也和其他问题一样，技术革新的希望只会留给那些用心倾听的人。正如我在前文中说过的，真正可以和人类媲美的人工智能不会立刻出现，因为我们还有太多的路要走，还有太多的科学误区有待澄清。

一些自封的预言家把赌注押在了量子计算机的问世及其强大的计算能力上。我们都知道量子力学非常有效，但许多诸如彭罗斯（Penrose）那样的著名物理学家也公开表示过,我们尚且无法通晓它的原理。就量子计算机而言,要想实现从理论到具体实践的飞跃,我们依然任重道远。

人类有着发明创造的精神。但在很多方面我们仍然不乏知识盲点,甚至不明白自己是如何展开工作、进行推理或采取行动的。即便有强大的机器协助,我们也未必能在未来完全知晓其中的奥秘。科学已经攻克了许多看上去不可逾越的壁垒,让我们务必做到谦卑、谨慎,万万不要以为科学战无不胜,没有什么能够抗拒它。阿尔伯特·爱因斯坦曾说过,我们对世界实在知之甚少。以上观点来自一个对世界略知皮毛的人,相信它值得引起您的思考。

19

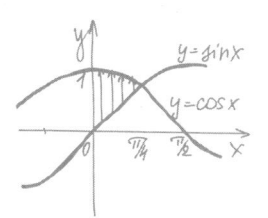

零分：我对教育制度的一些思考

2010年，我曾在爱丽舍宫参加过一场庆功午宴。它由时任总统尼古拉·萨科齐发起并亲自主持，旨在庆祝几周前塞德里克·维拉尼和吴宝珠双双荣获菲尔茨奖一事。我在前文中曾简略提起过这顿午餐，现在是时候多费些笔墨讲讲它了。

当天，萨科齐由到任已有3年的高等教育部长瓦莱丽·佩克雷斯陪同。我作为这一奖项的往届获奖者受邀参加，而我的同事及共同获奖人让-克里斯托夫·约科兹却因到国外出差而缺席了。同样缺席的还有吴宝珠（他的论文导师代为出席），此外，同桌进餐的还有其他三名菲尔茨奖的往届得主，他们分别是1982年获奖的阿兰·科纳（Alain Connes），2002年获奖的洛朗·拉福格（Laurent Lafforgue）以及2006年获奖的文德林·维尔纳（Wendelin Werner）。

午餐在彬彬有礼却略显沉闷的气氛中展开。在对我们致以常规的祝贺及其他溢美之词后，萨科齐将话题引入研究领域，并请我们发表自己的观点。之前的礼貌交流由此变了样，每个人都空话连篇，这实在不太符合我的风格。

印象里，我曾于20世纪90年代在爱丽舍宫和原子能高级专员罗杰·多特雷（Roger Dautray）有过另一场会面。会面的目的是就核工业的现状进行讨论。当时，我父亲正担任研究部长阿兰·德瓦凯（Alain Devaquet）的顾问，我和他一起应邀出席，但说实话，我并不太清楚自己为什么会收到邀请。想来，应该是多特雷希望我一同参加，因为我曾受他委托接手过一个就核工业周期下游（简单来说就是核废料）的研究进行评估的项目。德瓦凯态度友好且十分聪明，我在会议期间和他畅所欲言，甚至在自己感到必要时毫不犹豫地打断过他好几次。离开爱丽舍宫时，父亲带着不快的神情，用一种家长式的语气对我说："皮埃尔–路易，就算你要说的事有点儿意思，也不能打断部长呀！""哦，是吗？为什么？"我强充好汉地回敬了一句。

这一次，就着萨科齐的话茬，我抛出了一些自以为有意思的想法。作为共和国一名尊重职责的好公民，我觉得表达个人观点是自己的一项基本义务。《大学自由与责任法》（LRU）作为瓦莱丽·佩克雷斯的首批改革之一，正朝着正确的方向发展，但前提是要实现对大学的财政补贴，正如部长本人希望的那样。糟糕的是，金融危机使这项基本援助遭到取消，从而大大加剧了当前大学面临的财政困境。我们到底应该怎么做？在我看来，相比于格勒奈尔街那群不切实际的官僚，处在第一线的教职员工无疑更有能力为自己的学校做出明智的选择。不过，《大学自由与责任法》致力于发展公共研究与私人资本之间的合作伙伴关系，这恰恰与我长久以来的呼吁相得益彰。显然，我并不反对当时政府在这些问题上所采取的路线（我在其他问题上更是如此），只是觉得我们还能百尺竿头更进一步而已。遗憾的是，这样的观点遭到了其他学者的冷眼相待。看来，我既不应该那样想，更不应该无所畏惧地大声说出来。

我的各种建议中有一项一直被我挂在心上，因为它不仅成本低廉，而且操作简单。这项建议旨在鼓励私营部门招聘博士生，并将研究人员的税务抵免政策扩大到他们可应聘的全部岗位，不再局限于"研究与发展"部门设立的那些。在法国，当学历相等时，公司往往更喜欢聘用"大学校"（grandes écoles）[1]毕业的工程师，因为高等公立大学出身的学生常常会被认为与现实脱节。这实在是无稽之谈！今天，德国企业对此已感同身受，他们求贤若渴，正全力将最高水平的博士生纳入麾下。

我早前曾就此与瓦莱丽·佩克雷斯分享过自己的观点，并在原则上获得了她的赞同。这位部长是个善于倾听且富有智慧的女性。但当我向共和国总统阐述自己的建议及相关论点时，对方不到一秒就用一种粗暴且相当轻蔑的决定性语气否定道："不不，这不好。私营公司可没有那么多的研究要做！"一股不自在的气氛瞬间弥漫开来。瓦莱丽·佩克雷斯不敢直接反驳"老板"，于是便局促地背过了身。其他宾客看起来一脸茫然……谈话就这样结束了，我不知道自己还有什么样的理由能反驳如此迅速、决绝的反应。

---

1 大学校是法国对通过具有选拔性的入学考试（concours）来录取学生的国立高等院校的总称，不同于只需申请即可入学的法国公立大学（université）。此类学校被认为是培养精英的学校。

看来已经没有必要分享我的其他观点了。就这样，午餐的其余部分在没有摩擦的常规交流中平淡结束。告辞时，萨科齐穿梭在人群中，与每一位宾客握手、致意，轮到我时，他微笑着说了句"再见，主席先生"以示和好——这个头衔是指我当时正出任巴黎高等师范学院的董事会主席，而他则刚刚通过法令对我的任期予以延长。"再见，先生。"我如此回答，带着一丝桀骜不驯。

自职业生涯开始以来，我已参加了数十个委员会、技术政策性会议，旨在讨论高等教育和改革高等教育的最佳方式。获得菲尔兹奖后，情况更是如此。在40年里，我提出了各种优化路线、反思途径或实验性方案，并一直为自己的论点援引国外的数字或例证，以免出现类似于"这在法国不可行"一类的消极反应。

而我获得的结果又如何呢？根本没有什么结果。无论右翼还是左翼，没有一届政府就我的建议做过跟进，所以我完全是白费口舌。更糟糕的是，我从未要求去参加这些会议。人们总是来找我，称赞我了解实际情况，有着所谓前瞻性的视野，甚至推陈出新的作风……如果非说我不觉得白白浪费了时间和精力不可，估计连我自己都要笑出来了。

我一直对政治抱有热情,尤其是在思想方面。但我一向特立独行、厌恶极端,从不宣称自己属于右翼或左翼,对中间派同样持怀疑态度——它们往往只是在名义上保持中立罢了。简言之,我对政治博弈毫无兴趣,但却关注各种大型政治议题。其中,教育(尤其是高等教育)问题与我自身关系密切,谈及这些话题时,我是绝不掺杂半点儿意识形态的。自1994年起,我有幸见到历任高等教育部长,从爱德华·巴拉迪尔政府时期的弗朗索瓦·菲永到曼努埃尔·瓦尔斯(Manuel Valls)政府时期的吉纳维芙·菲奥拉索(Genevieve Fioraso)。这些人都是绝对的实用主义者,他们只为效率服务,随时准备改革,对动摇旧的保守主义及其势力范围毫不畏惧。尽管如此,除了瓦莱丽·佩克雷斯及其大学改革法案外,我们尚不能说上述姿态已经成功转化为显著的决策及行动⋯⋯

最糟糕的一点在于,跟进我的大多数提议甚至不需要勇气。比如,我曾建议就教师-研究员这一身份进行一项"小小的"改革,因为这种身份让研究人员被迫削减一定的科研工作,以便有时间讲课、指导论文。为了重新找回平衡,我曾坚持应根据研究员指导论文的数量来减少其授课义务。换句话说,他们指导的论文越多,需要上的课就越少，这样便可以全身心地投入研究。请看，这么做是多么简单、合乎逻辑且成本低廉！美国加州的公立大学早就采用了这一系统。部长们听了我的话后无一不点头称赞，遗憾的是，没有一个人给过我进一步回复。

我还曾多次提醒决策者注意，论文发表这一机制正呈现出过度、畸形的发展态势。在学术界，科研人员发表的论文数量可谓构成其职业生涯的唯一基础。它代表着一切，不仅能塑造威望、决定就业、确立研究方向，而且仅凭这一项就能取代客观评价其所做工作的全部标准！如果论文是以质量而非数量见长，那么情况尚且不算太糟。但显而易见，事实并非如此。最终，它变成了一种全方位、无死角的论文发表竞赛，而这绝不仅仅是法国研究人员独有的问题。

尽管如此，政府仍然可以尝试在一定程度上遏制这种现象。我的想法是这样的：公共研究机构在招聘时不再要求候选人提供论文发表一览。与此相反，候选人将选择3~4篇发表文章进行陈述，阐明与之相关的工作及选题动机。这样的方法把重点重新置于论文的质量而不是数量上，此外，它还鼓励招聘人员阅读相关出版物，而非仅仅面对一份由150篇关注点各异的文章组成的清单。一些科研机构已经进行了这样的实践，比如法国大学研究院（IUF）或法国国家信息与自动化研究所，剩下的问题就是进一步推广这一操作模式。

我自己对这种荒谬的套路同样深有体会。在整个职业生涯中，我收到过不少申请书，与其审查一份冗长的发表清单，我更喜欢细读其中一篇具体的论文。多年来，我一直力图将这一简单且少有争议的想法传达给那些不乏热情的政治家，但他们总是立刻就没了影儿，没人愿意试着去实践。

说到底，高级官僚很可能是因为害怕教师和学生的抗议运动才不愿有所作为。从1968年的"五月风暴"到《首次雇佣合同》法案（CPE）[1]的流产，大学（或者说学校）在人们的眼里已经变成了十足的火药桶，这样的看法其实并没有错。由此造成的结果是，政府只发起一些小规模的改革，但其中一些荒谬的措施还是会引起相关人员的不满（学生、教师-研究员、行政或技术人员

---

1 2006年，德维尔潘政府为刺激就业、解决年轻人的高失业率问题而推出了《首次雇佣合同》法案，但因为具体条款使年轻人的工作与生活处于更加不稳定的状态而引发了大规模学生示威活动。

等）。形势由此变得更加僵化、压力重重，但教育的核心问题却远远没有被触及。比如，我们应该为什么样的高中毕业生提供什么样的高等教育？此外还有大学的财政收入、付费课程、学生生活水平等问题。而事实上，这些基本问题中有一部分被政府以另一种方式秘密解决了：我们不对学生进行选择，但却推出了Parcoursup软件；我们不去处理众多学生面临的住房和经济来源问题，却援引数字，避重就轻（例如奖学金数量）；教育是免费的，但在很多情况下学生还是要交钱；大学严重缺乏收入，而萨科齐任期内投票通过的《大学自由与责任法》却半途而废了……

哪怕不进入大学，所有年轻人都有权在高考后得到高质量的教育。我认为大专和技校的招生名额应该大幅增加，但这又需要花钱！我们怎么能眼睁睁地看着贫困家庭再去"吐血"购买那些质量参差不齐的付费课程呢？此外，有关大学入学考试的辩论也已完全背离了初衷。我原则上是赞成设立入学考试的，毕竟我过去在巴黎九大执教，而九大多年来一直如此实行。但我在此必须重申，谁都无权把年轻人扔在半路上。顺带一提，我也赞成让富裕家庭支付大学学费，同时切实地关注贫困学生的物质条件。

在各种混乱的高等教育法及其改革政策中,《大学自由与责任法》是个例外。我为它的正确性所折服,却因它给大学财政援助的允诺没能得到持续的贯彻而痛心。我真心地希望学校自治这一理念能够蓬勃发展,大学可以根据自身的意愿走上更加专业化的道路。以往的综合性大学制度实在陈腐落后,虽然还不至于作废,却也无益于优秀学校的出现。

在这方面,成功的先例是存在的。1972年成立的贡比涅技术大学(Université de Technologie de Compiègne)是专门培养工程师的学校,虽然政府及媒体对它漠不关心,但它在众多招聘单位中驰声走誉。同样,以管理学见长的巴黎九大更是家喻户晓,有口皆碑。

教育机构自治作为一种明显而健全的理念本应继续向中小学普及,政府怎么反而在2019年搞起了一刀切式的全国初高中改革呢?就像现任教育部长让-米歇尔·布朗盖(Jean-Michel Blanquer)[1]最近所做的那样,

---

1 让-米歇尔·布朗盖已于2022年卸任法国教育部长一职。作者写作本书时,其仍在任。——编者注

更不用说那些令人绝望的内容了！这种源于大革命时期的"雅各宾式"思想极其荒谬，难以说清。技术至上式的全国改革把教师当作学生成绩下降的罪魁祸首，其实，他们才是真正的受害人。让我们相信老师，不要把他们想得那么幼稚！此外，我们还应从芬兰的教育模式中汲取经验，它在语文和算术教学上居于世界前列，而这恰恰构成了基础知识的共同核心。芬兰模式还允许教育机构根据地区的社会和文化特点自由传播它们认为有益的知识。这样的改革太过激进吗？就让我们搞一些地区试点教育，然后评估一下结果好了。这么做到底要花多大成本？到底是什么让我们总是畏首畏尾，停滞不前？

我们还应利用教育部给予地方的权限精简教学计划，加强教育质量（而不是数量），也许这才是眼下最迫切的问题。我翻阅过学校的教材，里面写的内容实在令人心碎：从用词过度简化的"新语"[1]到把人当傻瓜似的表达法，浮夸的空话比比皆是——要么极度幼稚，要

---

1 新语（novlangue），也称"新话"（英语：newspeak），是乔治·奥威尔小说《一九八四》中设想的新人工语言，被形容为"世界上唯一会逐年减少词汇的语言"。

么极度夸张。无论是对教育还是教学，这都是一种"伪科学"，但它却占据了主导地位，由此造成的破坏及灾难性后果直到今天依然影响深远。而为了减少这种教育质量上的不对等，"大师们"又决定要减少需求……

带着更为敏锐的眼光，我在自然科学教材里也发现了上述教育方法上的顽疾。每个章节的组成都遵循着同一个模式：五颜六色的表格、引人入胜的图画、引导学生自行阅读课程内容的互动性"活动"，最后是总结。在这些五花八门却乱七八糟的东西中，我费尽九牛二虎之力也找不着课程的线索。弗朗索瓦·奥朗德还在任时，我曾看过教学方案委员会的组成名单，它让我感到困惑不已。一切都被轻描淡写地一笔带过。从教学计划到教材，每个环节都缺乏透明度：教学监管机构的运作及角色、教科书的作者、学校教材在经济市场的地位……考虑到课程及教材给孩子们带来的影响，我们难道不应该在这些问题上尽可能地做到透明吗？

我深深地知道，教儿童和青少年数学并不容易。初高中的数学授课方法是导致学生讨厌数学的主要原因，这些学生直到成年后也常常对科学缺乏兴趣。我不认为教师应该为此负责，他们自己其实也深受其害。很多老师这样对我抱怨过，这不只是因为数学教师这一行并不好干，更是因为当局命令减少数学在学校课程中的比例，而这无异于承认了我们学科毫无用处的传言，并终结了所谓"数学垄断"！另一种更不公正的观点认为数学老师是失败的数学家。事实上，人们往往在取得高等数学或工程师文凭后在私营企业就职。但投身教育事业的人绝非能力不足，他们的选择仅仅是出于个人的兴趣及信念。

为什么不试着像其他学科那样，以"少而精"的方式教授数学呢？"反刍式"教学确实应该废除，但对逻辑推理、抽象概念、演绎证明的学习却必不可少。此外，我一直深信着一个简单的优化教学方法，那就是讲故事。初高中学生对数学最常见的抱怨是什么？"太抽象。"这一点的确令人遗憾，但我们无法改变它。尽管如此，我依然认为从基础学习中排除一切抽象的东西是个错误。以抽象的方式展开思考、生成概念，这样的练习有助于我们大脑的正常运作，并会为我们的日常生活提供助益。因此，不要否认抽象本身的意义所在。我们要做的是讲述这些看似晦涩的理论背后隐藏着的真实故事，从而把抽象的东西变得具体。

毕达哥拉斯、泰勒斯定理、代数方程、导数……一切都源于一个平凡的提问。数字同样承载着故事，计算并非一蹴而就，数字也不是突然出现的。人们先是简单地用"1、2、3、很多"这样的方式进行罗列，而后，罗马人开始尝试用字母来表示它们。但这样的概念依然有所局限，人们为此又创造出了许多新字母，旨在用有限的拼音字母代表无限的数字。"0"的出现稍晚，它于5世纪诞生于印度，因为"没有数量"这样的概念并不直观。

代数则是随着代数方程而诞生的。后者源于中世纪的安达卢西亚，主要用来解决三率法一类的问题（三率法是所有方程之母）。而当人们试图测量面积、周长、半径时，平方根的概念便应运而生，它能满足农业发展和当代第一批农业土地测量员的需要，更多的应用不胜枚举，难以尽述。可见，人们在初高中所学的数学概念里没有一个是与具体问题无关的。而所有这些故事除了有趣外还证明了一点，那就是我们的祖先与数学也展开了漫长的斗争，他们是经过了长久的努力才得以掌握数学的轮廓及概念的。

当然，我还不至于天真到以为只用这种方法就能让我们的孩子变成数学冠军。相比于其他科目，我深知一旦在数学上成绩落后便很难追上来。当孩子们表示"我数学很烂"时往往为时已晚，因此我建议设立一个辅导系统，而它只有在精简教学计划，使教育返璞归真后才有可能实现，这是我发自内心的呼吁。我们可以尝试以自愿为基础，让理学院或工程师学校的学生参与辅导，并把这样的活动纳入他们的大学课程。相信一定会有很多人踊跃报名的。

我对最后这条建议尤为关注。它再次提出了能让数学摆脱种种偏见的两大基本要素：学习的乐趣和时间。学习数学需要时间。我坚信，哪怕不能完全掌握，每个孩子只要愿意花些时间都可以熟悉数学。或许通过这种方式，我们最终能让数学这门如此令人惶恐、令人生畏、令人厌恶的学科重新回到正确的位置上——作为一门抽象科学，它会帮我们更好地了解周围的世界。

20

不速之客

在我对本书进行最终修改时，新冠病毒已经蔓延到了世界各地。欧洲遭到了严重的打击，法国更是重中之重。鉴于我既非医生也非生物学家，所以无从分享关于该病毒的专业知识。不过，我认为自己有义务对法国一些政客及卫生部门的行政官员进行揭发，他们的言论缺乏逻辑、谎话连篇，不过是一次又一次的即兴发挥。国家机器失灵了。幸运的是，虽然形势由于缺乏资金及设备而显得极不稳定，很多人还是带着模范式的责任心和奉献精神主动承担起了义务。医护人员无疑站在了最前线，此外还有教师、送货员、清洁工、市长、其他各行各业的人员……我在这里难以尽述，但我们每个人都是一清二楚的。

这无疑是一场史无前例的健康危机，它还将引发同样史无前例的经济及社会危机。难道我们不该从中吸取教训、引以为戒吗？诚然，领导人的盲目和组织混乱并非法国所独有，但在和欧洲朋友及同事比较了他们国家领导人的言行后，我实在担心法国会在比较中败下阵来。

像许多人一样，我在这场危机中至少吸取了两大教训。首先，我们必须学会听取、领会科学家的意见。我在这里指的是真正的科学家及研究人员，而不是那些对科学研究贡献甚微（甚至没有）的管理者或负责人。其次，必须对"高级"官员、内阁部长及顾问的征聘和培训系统彻底重审。

值得一提的是，冠状病毒已经引发好几场全球性的传染病。尽管如此，法国的科研团队却缺乏资金来维持充分的调研。德国的情况则大不相同。在德国，科学研究一直受到鼓励，因此，第一项病毒测试在著名病毒学家克里斯蒂安·德罗斯滕（Christian Drosten）团队的帮助下于柏林完成也就不足为奇了。德罗斯滕从此一跃成为政府顾问，他的每一次公开发言都清晰易懂、高度透明，从而得到了市民、政要等多方的赞赏。在此基础上，安格拉·默克尔的讲话同样清楚、明确。而法国呢？大家自行比较好了。无论如何，这个例子至少证明了有真正的专家可供我们听取、领会其意见。

1月底，有关病毒的消息在欧洲不胫而走，各国政府更是深谙其要。德国已经厉兵秣马，各项准备工作也在2月份陆续到位。法国此时又做了什么呢？什么都没有！我们把全部精力都用来搞毫无用处的退休改革了，而且还是一项对教师、研究人员极不公正的改革。政府后来才发现必须订购口罩（因为我们早前取消了库存，且不在法国生产了）、医疗设备（防护服，而不是垃圾袋）、实现几百万次病毒测试所需的各种产品（特别是试剂）、呼吸机……可你们难道想不到这些吗？！结果，今天的英雄们纷纷罢工或走上街头，以图拯救正在崩溃的法国医院系统。我承认，这种衰败由来已久，也不完全是当今政府一方的责任。但它有义务采取行动，而其救援计划实在令人信服——2月初，1285名医生、医疗机构的服务总监及部门负责人提交了辞呈，这样的历史性事件要是发生在其他一些国家，负责的部长早就引咎辞职了。不用说，这样不理想的条件无法帮助医院抗击如此严峻的疫情。

不久之后，法国民众总算得知了政府早已掌握的消息：一种我们尚不了解其传染性及危险性的病毒正在欧洲多国蔓延，法国也不例外。接下来，法国一直等到第一轮市政府选举结束后的次日才宣布将采取严格的隔离措施，而人们直到首批隔离政策实施的4天后才知道了情况有多严峻！为什么消息通报得这么晚？我和合作伙伴上网收集数据后第一时间便意识到了隔离的必要性，而我们早在一周前（至少是在选举日以前）就等着政府就此宣告了。必须指出，当局是以"科学"委员会或部分出于自身利益胡乱发言的反对派的意见为掩护强行选举，这种行为无异于把选民及监督人员的健康置于水火之中！作为一名数学家，我对统计学和流行病的数学模型也略知一二。隔离期间，我曾不止一次地大为恼火（这个词实在用得太轻），因为政府官员或公共卫生部门负责人一直蠢话连篇，甚至可以说是谎话连连。

让我们明确一点，那就是我永远不会因为不知道或不理解而责备任何人，毕竟我这样的学者会在不知道或不理解中度过大量时间。但很明显的是，许多问题至今依然悬而未决。例如，新冠病毒是否有着多个危险程度各异的菌株？是否每个病人都能生成抗体？生成的抗体是否能够形成保护，保护期是多久？直至写到这里，这么多的基本问题仍未得到解答。它们使疫苗的开发停留在假设阶段，遥不可期。此外，季节、气候条件（高温、湿度等）对病毒的影响依然存在很多盲区。而从严格的医学角度来看，我们对重症患者的发病机制不得而知，随着年龄增加而显著增长的死亡率同样难以理解。

在这样的情况下，政治领导人的发言及决策无疑十分微妙，但假装知道或假装理解实在让人难以苟同。

就在政府宣布解除隔离的几天前，卫生部部长宣称10%的法国民众已被新冠病毒感染。这种说法着实荒谬，因为假设病死率达到了0.5%（这一数字在我看来还是相当乐观的），那就意味着死亡人数在4月中旬已超过了3.3万人，幸运的是，这与事实相去甚远。这样的说法到底是谎言还是外行？事实上，就在通报了上述数字的几天后，当局又援引了巴斯德研究所的一项数据。后者表明，截至5月11日，5.7%的法国民众遭到感染——即一个月后感染人数反而降了一半！顺带一提，我们在这里提到的数字只是一个估算值，在没有进行系统测试的情况下存在很大误差。大家可以在线查阅巴斯德研究所的报告，它给出了一个从3%~10%不等的数值差幅，这样的数字在引用时应该慎之又慎才对。此外，人们对0.5%的病死率（死亡人数在病例总数中的占比）同样没有达成共识，因为不同研究给出的估算值各不相同，在0.25%到1.7%之间。

除了像冰岛这样的岛国或"钻石公主号"（该邮轮有700名游客感染，病死率在0.3%~1.7%）一类特例以外，下列两组取自同一天的即时数据与我们的情况更为接近：在德国，某日检测出的165664例感染病例中有4105例死亡，有效比例为4.1%；而在韩国，同日检测出的10801例感染病例中有252例死亡，有效比例为2.3%。但法国对病死率的主流估计值却是0.5%（就像德国一样），这就说明尽管采取了出色的密集性检测政策，韩国只检测到了大约1/4的感染人数，而德国仅检测到了1/8。在上述两个案例中，我粗略估算了一下感染人数和死亡人数之间的差异。这样的差距是可能的吗？有一种解释认为，这些看起来相当矛盾的估计值其实并无太大意义。因为与不同菌株有关的遗传、气候等多个未知因素同样起到了重要作用，所以不能轻易认为死亡人数和感染人数之间呈现普遍的线性关系。我在此谨慎地提出这一解释，因为根据我多年的建模经验，非线性现象是无处不在的。

各种官方演讲里让数学家恼火的还有一点，那就是"R0值"的问题。官僚及政府发言人总是把它挂在嘴边，并给出了一个"大众化"的定义：一个病人可能传染的人数。简单地说，R0>1时，传染病呈蔓延态势；R0<1时，疾病开始衰退。这很简单吗？也不尽然。与流行病学的数学模型联系起来后，这一比例的计算极其微妙，计算值的差幅也就有着很大的不确定性。我们可以这样说：隔离政策使R0下降到了0.5（我个人倾向于加上"大致"一词）。但为警告公众不要放松警惕而宣称R0增加到了小数点后两位就要贻笑大方了。这种伪科学式的发言实在让人难以忍受。警告自有它的意义，只需简单、清楚地阐明即可，完全没必要用"伪数学"的方式自我辩护！

我绝非上述流行病学数学模型的专家。但正如文森特·林顿（Vincent Lindon）在5月6日发表的那篇精彩绝伦的呼吁信里讲到的，就算不是任何领域的专家，我也对各种事物抱有兴趣[1]。更何况我远比那些经常在媒体

---

[1] Arfi F.,《文森特·林顿的呼吁信:〈为何一个如此富饶的国家会……〉》, Mediapart, 2020年5月6日。——作者注

上攻击各种模型的人要懂得多。无论如何，仅仅因为使用了数学工具就认为它毫无用处，并对其大加抨击，绝对是一种愚昧的态度。让我们想象一下，一个社会如果一夜之间突然放弃使用数学模型、算法将会变成什么样子。人们将失去一切：没有电力，没有交通工具，没有电话，没有电脑，没有网络，没有扫描仪或核磁共振仪等医疗设备，没有录制的音乐，没有电影院……哪怕我们把批评的范围限制在流行病学的数学模型上，那些聪明人士也不应该忘记，这些模型在分析、预测流行病演变上不仅历史悠久、成就斐然，还为我们提供了大量切实的思路。唯一值得探讨的仅仅是全球新冠疫情中对流行病学数学模型的使用问题。

事实上，哪怕使用一些合适的模型不无裨益，鉴于与疫情有关的数据严重不足，我们仍需秉承谨慎的态度。"GIGO"式建模有着很大的风险。所谓"GIGO"是"garbage in, garbage out"这一原则的缩写——请放心，新冠病毒不会攻击传统的法国菜[1]，它的意思是说，如果输

---

1 GIGO一词的拼写类似于法餐菜肴里的"羊腿"（gigot），作者此处是用诙谐的语气提醒法国读者不要"错把李逵当李鬼"。

入的数据质量很差，计算得到的结果也绝不会好。

国家在这场危机中暴露出了种种无能，其中包括我们原本可以也应该充分调动"科学储备"。我在法兰西公学院的同事、微生物学家菲利普·桑索内蒂（Philippe Sansonetti）近日也不无遗憾地表达了同样的观点。他指的可能是国家在生物学和医学方面的科研人员储备不足，但我们依然可以把其观点拓展到其他诸多领域，比如数学，尤其是统计学。

我还想就著名的核酸检测的可靠性问题谈谈自己的看法。核酸检测可以确定病毒是否存在于人体内，我们都听说它具有绝佳的可靠性，哪怕达不到100%（因为那是不可能的）也相差无几了！但事实上，专家及从业人员认为其可靠性只有70%~80%，因此需要进行两到三次测试方可保证诊断无误。此外，似乎把核酸检测和扫描仪搭配使用时，检测效果尤为出色。

两大原因决定了上述理论与实践之间的差距。首先，提取样本的操作过程非常微妙，我的一个朋友（一位很有才华的微生物学家）表示，她对在儿童身上进行的测试持怀疑态度。另一方面，疾病的发展有着不同的阶段，在一些阶段中，病毒并不存在于我们寻找的地方。这里让我们再次明确一点：我无意质疑核酸检测的高度可靠性，但认为有必要细化对它的评估。

除了各种数字以外，还有一件事令人震惊。那就是政府虽有意进行集中管理，相关系统的组织却极其混乱，最终导致了系统的部分瘫痪。以旨在寻找血液中生成抗体的血清检测为例：各国公司（包括法国公司）都推出了这种检测，并就其效率进行了衡量。而法国政府又做了什么呢？什么都没有。只有巴斯德研究所为某些教育性质的研究做过一些检测而已。我们被告知，血清检测没有投入使用，因为其可靠性不高，最好情况下也只有70%。但哪怕只是为了一个人，政府也应该给出明确的答案。比如我个人就很想知道，同时使用多个测试并结合统计处理，甚至是人工智能算法后会得到什么样的结果。系统性、随机化的检测无疑能帮助我们深度了解新冠疫情及其现状，巴斯德研究所已经在这样做了。

在这里，问题也是一样的：一切都可以，也应该得到解释。5月初，一些美国同事告诉我，美国有一种可靠性高达100%的特殊血清检测，我不由得陷入了深思。这样的差距是源于法国更为严格的评估程序，还是危机肇始以来国家系统性暴露出的效率低下，抑或是院外活动集团[1]出于明显的商业利益而采取的不当行为？希望我们这些普通公民有朝一日能够知晓故事的结尾……

无论如何，这场危机势必揭露当局的傲慢。在我看来，"当局"一词包括了高级官员、内阁、顾问，这些人来自有时从高中时代就建立起来的关系网，他们完全不必证明自己的能力（充其量是在难度不高的竞赛中胜出）就坐上了决策者的位置。建立在这种关系网上的行政系统越来越烦冗，最后，每个人应承担的责任都变得模糊不清，哪怕政府再三承诺要精简机构，情况也不见好转。另一方面，"新自由主义"那种经济至上的核心观点认为，包括公共服务在内的各种活动只有在财务平衡的基础上才能得到有效的管理。言下之意，即私营企业比国家更有能力胜任！作为一个在私营领域同样经验丰富的公务员，我想说，不管于公于私，优秀的管理能力都是因人而异的。

这一意识形态上的病毒已潜移默化地渗入多国各大公共服务系统：交通、卫生、教育、电力、供水、监

---

[1] 西方国家中为了某种特定利益而组成的企图影响议会立法和政府决策的组织。其活动常在议会的走廊（lobby）或接待处进行，故有院外活动集团、罗比分子或走廊议员之称。

狱、安全、国防……如果说疫情严重暴露了我们的不足，那现在就是亡羊补牢的时候了。或许这么说会显得太天真，但在我看来，解决方案是存在的。具体来讲，我们应该取消国立行政学院（ENA）[1]及高级官僚团体，以有吸引力的工资招聘具有专业经验——包括多部门协作经验的人员，减少行政和政治阶层的数量，实现直接民主，加速权力下放并将资金切实转移到地方……我在此只罗列几点，暂不进行深入探讨，相信只有广泛的公民辩论才能孕育出真正的答案。

我在前文中提到过，尽管做了各种长篇大论、辞藻华丽的演说，当局对所有人都表现出了傲慢的态度，对研究人员也是如此（即使为了寻找疫苗，后者一度被召唤驰援政府）。科学研究需要持久的、可持续的资源，尤其是在财政方面。一些时间有限或处于启动阶段、就给定主题进行研究的项目可能会得到法国国家科研署或欧洲研究委员会（ERC）的出资，但这不是问题的重点。人们在这场危机中已多次发声，指出如果研究、医疗机

---

1 École Nationale d'Administration，成立于1945年，专门为法国培养高级官员。

构均由官僚内部的人员甚至是要员把控，那么行政上，乃至道德上的偏差都将无可避免。抛开前几章中提及的工资或退休改革不提，这些事也让研究人员深感自己完全不受法国公共权力机构的重视。

但哪怕是在这样的背景下，他们也准备好全力以赴，充当国家的科学储备力量。但结果呢？唉！隔离政策使得研究人员的实验室纷纷关闭了。在数学领域，建模师及统计学家曾尝试通过视频会议、研讨会、个人研究等方式推进工作，但如果不能访问数据（数据是存在的），又有什么贡献可言呢？诚然，生物、医疗团队通常具有内部的统计及建模能力，所以就无须联合最好的数学家助其一臂之力了吗？更糟糕的是，三个具有极高水平的数学家团队早在3月中旬就建议进行随机测试，以便更好地了解疫情、以更为精确的方式对数学模型进行校准。其中一项请求得到了法国国家科学研究中心的支持，从而上呈到了研究部，但从此——它便陷入一潭死水，停滞不前了！

也许您会认为我的话太过偏激。那是因为，面对如此不堪的混乱及本次危机中国家留给老年人的命运，我感到了莫大的悲哀。极端正与日俱增，愈演愈烈。当我于2020年5月写下这些文字时，我十分担心世界要与这个病毒长期共处，因此我决定采取行动——或至少试着采取行动，不要让"明天"重蹈"昨日"的覆辙，甚至更加糟糕。说到底，我深信除了知识，学者的质问同样会给公民的选择以启迪。

切线的颂歌

我和父亲从未违背过我们之间默认的规矩：在家里，我们不谈数学。后来我展开了职业生涯，他也不再为我的能力感到忧心，数学便不再是什么禁忌话题了。尽管如此，它并未自然而然地进入我们之间的谈话。就像大多数住得很远、无法每天见面的父子一样，我们想向对方倾诉的话题并非办公室里的轶事，尽管我们对数学有着同样的热情。

2001年，就在父亲突然离世前不久，他曾小小地违背过一次这个基本规矩。那时他人在格拉斯，就住在我们家的房子里。多年来他一直喜欢在那里居住，更沉湎于另一大人生乐趣——在田地里劳作。我则在巴黎，就在自己家中。电话铃响了。在告诉了我一些近况后，父亲向我坦白了打电话的真正原因。原来他是碰到了一个解不开的数学问题，想知道我能否助他一臂之力。这可以说是一个极其罕见，甚至前所未有的要求，我便答应了下来。而在挂断电话展开思考前，他又向我提出了最后一个请求：

"如果你只花5分钟就找到了解法，能帮我一个忙吗？"

"什么忙？"

"别立刻给我打电话。假装花了点时间去思考——出于礼貌。"

我不禁笑了。

"明白了，爸爸。"

但父亲错了。我甚至没有花上5分钟就为他的问题找到了解法，因为那道题恰好是我的强项。当然，我还是信守了诺言，耐心等了好一会儿才给他打了回去，并挖苦地说：

"现在行了吗？我等得够久了。"

接着，我开始陈述自己的解法。电话的另一头，父亲刷刷地做着笔记。我一边阐述一边猜测着他那小小的、满意的表情。"啊，是的，确实是这样……"他最后这样总结道，鉴于我的解法正确无误，便对我表示了感谢。

几个月后，我被任命为法兰西公学院的教授。是我的朋友，早在3年前便离开巴黎高等师范学院并于此任职的让-克里斯托夫·约科兹举荐了我。成为法兰西公学院的教授可谓法国高等教育的最高荣誉之一。这种认可不仅让我感到光荣，本来也该带给父亲喜悦，当然，还有自豪感才对……但很遗憾，在我讲第一堂课前的几个月他便与世长辞了。

闻名遐迩的法兰西公学院（直到撰写本文时，我依然在那里工作）首先是一所教育、研究性质的机构，和其他科研单位并无太大差别。我在那里作为"偏微分方程及其应用"专业的教授讲一门课，并每周举办一次研讨会。"学院"一词在这里同形不同义：中学生很少会出现在阶梯教室，因为讨论的各种概念都极具专业性。[1]当然，我对他们完全持欢迎态度。事实上，我的每一门课都免费向公众开放，无须注册即可旁听。凭借这样的

---

[1] 法语里，法兰西公学院中的"学院"（collège）一词有初中的意思。——译者注

特点，法兰西公学院在高等学府中可谓自成一家。

而到了63岁的今天，即40多年的职业生涯以后，无论好奇心还是激情都没有舍我而去。我继续推进各种研究项目，最初是关于平均场博弈论的理论工作，以图深化理解并丰富其应用场景。光阴如梭，平均场博弈论的实践可谓变化万千，几乎无穷无尽。理论方面的进步总能不断孕育出新的应用，反之亦然。

此外，我最近还参与了描述石油生产演变问题的模型创建工作，这可以说是回到了平均场博弈论的原点。在这一案例研究中，有一个理论现象十分有趣，那就是我们必须考虑诸如欧佩克（OPEC）[1]之类占主导地位的参与者的影响。因此，除了平均场博弈论习惯性关注的参与者群体以外，我们还需要在理论库中加上这个占主导地位的参与者，这就构成了一个让理论发展与新实践完美契合的绝佳例子。而在其他数不胜数的领域，平均场博弈论同样可以给我们以启发，我可以一直就它的可能性探索下去，直到我决定不再搞数学研究的那一天！

---

1 石油输出国组织的简称，成立于1960年，是亚、非、拉石油生产国为协调成员国石油政策、反对西方石油垄断资本的剥削和控制而建立的国际组织。

我也继续保持着与私营企业的合作，最近的一项应用实例与移动通信网络有关。具体来讲，我接到了中国手机巨头华为集团的联系（这是应其一再的要求）。华为是一家深圳品牌，于2018年成为仅次于三星的全球第二大智能手机制造商，排名甚至超越了苹果。法国公众对华为了解不多，因为后者的业务主要针对基础设施及移动网络，但其研发团队却是该市场上最具活力的。它的法国分部拥有一所研究中心，招聘了将近70名年轻的研究人员，且每个人都取得了数学或信息科学的博士学位。不用说，我由衷地希望法国企业也能学学他们！

那么，为什么要用到平均场博弈论呢？在不深究技术细节的情况下，我们可以认为与天线进行交互的连接对象（例如手机）正与日俱增，哪怕短期范围内也将达到每平方千米200万个！除了数量上的增长外，这些对象也呈现出越来越智能的趋势，所有这些因素都自然地指出了用平均场博弈论进行数学建模的必要性。华为在法国的研究人员很快便了解到了这一点，于是同我及我的团队进行了接洽。而我们在回应其要求前首先联系了该领域的法国制造商，却没有得到任何回应！最终，鉴于华为是一家外国工业巨头，为避免一切可能涉及知识产权或科学知识独家使用权的问题，我们只接受在赞助的框架内展开合作。

事实上，这一合作是完全透明的。具体来讲，华为集团是为一项公共研究项目进行融资，研究工作则由路易-巴舍利耶研究院及法兰西公学院联合承担。显然，这家中国企业充当了研究项目的资助者，而研究结果因为公开发表，也就向所有人开放——包括华为的竞争对手。那么，他们的利益又体现在哪里呢？应该说，他们的目的就是要精准地激发高水平的基础研究，从而应对未来的技术挑战，哪怕他们不是唯一掌握研究成果的人。事实证明他们言行一致，不愧为全球技术领军企业。

此类投资绝非孤例。不得不说，哪怕是有助于集体利益的创新也无法由面临财政困难的国家进行资助，因为后者优先考虑的必定是其他事情。很高兴这个项目能在法国展开并使法国研究人员受益，希望此类合作未来能进一步在法国乃至欧洲蓬勃发展。

当然，尽管我将长期继续对平均场博弈论的研究，一旦机会出现，我也决不会放弃对其他领域的探索。事实上，就像40年前一样，我一直都在寻觅新的风景，并为之着迷。我每年都要在法兰西公学院上一门新课。这恰恰是我热爱这个职业的原因：一方面，我不是从职业的角度展开思考，学术会议上或咖啡机旁的偶遇和即兴对话才是我的灵感源泉。在这些时候，思路往往一闪而过，也许它们与我关注的课题并不直接相关，但却被我下意识地记在心里，自己也说不清到底是为什么，直到有一天，这些思路在脑海里重新出现（当然，也可能不会）。另一方面，数学家可以全凭热情不受约束地讲课，而这几乎可以说是一种绝对的自由。我一直都以这种方式展开工作——稍稍关注着时下的学术潮流，但又往往对它们置若罔闻。这样的态度并非源于我的境遇，而是因为我对数学的热情完全来自好奇心。只有它会孕育新的思路，让我在一片处女地或未经开垦的荒地上播撒自己的种子。

这种对偶然的重视，应该让那些一提起研究或创新就痴迷于"重点优先研究计划"的政客引以为鉴。科学史表明，一些人类最伟大的发明是任何人都无法预知的，就像青霉素、X光、阿基米德原理或阿司匹林，而这只是人们最耳熟能详的那些。这种现象被称为"意外发现"。法国国家科研署自2005年起便负责为法国的公共研究计划提供资金，该机构自创立以来便拥有一笔支持"空白计划"的预算。这笔预算被用来资助那些涉及新课题或与就既定课题展开的研究相距甚远的项目。遗憾的是，无论是留给"意外发现"的预算还是对相关项目展开的招标都在一点点消失，偶然和自由不再受到重视。

几年间，至少在数学领域，法国国家科研署与基础研究之间的联系渐渐中断了。它们优先考虑的课题开始变得狭窄，选择的过程也不透明，这让我们深深地感到该机构的选择、战略正被行政部门，乃至政治世界一点点接管……大学正面临严重的资金匮乏，新入职的研究人员酬劳过低。在这样的情况下，对于法国研究来说，减少下放给实验室的常用经费份额，从而把经费大头拨给法国国家科研署支持的项目无疑是一场灾难，更不用说实验室及研究人员因项目倍增而无谓浪费的时间和精力了。何况，限制研究人员的自由毫无意义可言。很多企业已经意识到了这一点，比如谷歌就为其研究员提供了充分的自由度，好让"意外发现"开花结果。

遗憾的是，某些政客完全无视偶然性可能带来的好处。他们更喜欢装出一副无所不知的战略家的样子，而事实上，这样做不过是屈从于时下的学术潮流而已。人工智能无疑是最新的研究课题。2017年9月，法国政府委任某个名叫塞德里克·维拉尼的人就该主题撰写一份报告。埃松省的议员于6个月后提交了材料。接着，作为法国伟大的工业规划传统，一项"人工智能计划"就此宣告展开，具体包括建立一家专门的研究机构，并在4年里拨款100亿欧元以支持创新性研究项目。

对这一倡议我无意横加指责，就让我们对它的结果拭目以待吧。不过我承认，自己一点儿也不相信政府所热衷的那些"计划""重大挑战"，或其他种种优先事项。未来数学研究的重大挑战是什么？我不得而知。哪怕我有着自己的偏好，也不过是出于个人的、任意的分类标准。不过，上述干预主义反而证明了另一件事，那就是人们对基础研究的兴趣正日益减弱。因为一些极其理论化的数学研究在短期内并没有付诸实践的可能，在不久的将来，对这些问题的攻坚可以——也只能推动数学自身的发展。当然，这看起来似乎算不了什么。但必须承认，正是这一点一滴的进步会为我们揭示自己生活的这个世界里仍然不为人知，或者至今仍无人理解的某个方面。

这种为基础研究而进行的辩护或许会显得有些出人意料，毕竟我是一个把大量时间都用来解决实际问题的数学家，但事实上，二者之间并不矛盾：恰恰是我比其他人更加清楚，今天的理论将在明天转化为应用，我们认为抽象的东西将在我们孩子的眼里变得具体。是的，这就是我的信念。"为艺术而艺术"并非我的兴趣所在，但艺术总是不可或缺的。我会这样想，也许应该感谢我的父亲。

也许，还应该感谢我懂得了一块原木的本质是一个圆柱体的那一天。

结束语

下文简要摘录了利翁教授（L）和皮埃尔-路易（PL）之间的访谈：

PL：我能对您以"你"相称吗？

L：如果您愿意的话……

PL：为什么你同意写这本书？

L：您可能会觉得难以置信，但对我而言，这是个十分艰难的决定。尤其当我发现，书中"我"竟如此高频出现时，曾一度感到极其恐慌……

PL：行了，承认吧！看来这不失为一场绝佳的自我幻想……

L顿时哑口无言，并再一次发现自己实在不该接受这个采访。

PL：那到底是为什么呢？

L（带着一种教授式的，甚至是教训人的口气）：我只想简单地指出，数学家就像其他人一样。他们可以极其自由地展开某种活动。搞数学研究首先要怀有热情。数学是有用的、必需的，甚至是不可或缺的……

PL：好了，好了！你还真以为有人愿意听这些乱七八糟的东西？

L：奥利维亚和蒂博告诉我会的。

PL：别拿他们两个人当挡箭牌，你总得有点儿个人意见吧。

L（语气略显窘迫）：说实话，我不知道……

PL：这可真是独家新闻！终于有个问题利翁教授回答不了，没法给我们上一课了！

L：请保持礼貌！

PL：无论如何，人们读这段话时会发现，你挺把自己当个人物！

L：小混蛋！

接着，L起身离开了房间。

皮埃尔-路易·利翁在此鸣谢非凡的作家N. K. 杰米辛（N. K. Jemisin），不仅感谢她的书，更感谢她提议进行这样一场"自我采访"。

感谢词

请不要搞错，本书的真正作者是蒂博·莱斯（Thibaut Raisse）！在我们无数次的谈话中，我总是滔滔不绝，旧习难改。蒂博则一直引导着我，他的新闻调查意识也使我进一步明确了自己之前种种模糊的观点。谢谢你，蒂博！

我还要感谢杰出的记者兼编辑奥利维亚·雷卡（Olivia Recasens）。她巧妙地说服我撰写本书，使我相信会有读者愿意倾听我作为数学家的人生历程，尤其是我对数学的热爱及对其实用性，甚至是必要性的绝对肯定。当然，本书中潜在的各种不准确、疏忽、错误都仅源于我个人，无论奥利维亚还是蒂博均不为其承担责任。

"小蟋蟀吉米尼"——维罗妮卡·桑（Véronique Sainz）为本书提供了宝贵的物质援助，在此一并感谢。

最后，是我的伴侣西尔维（Sylvie）、她的孩子玛戈（Margot）和马丁（Martin），当然还有我的儿子多里安（Dorian）让我时刻铭记，自己的生活中并非只有数学。任何文字都无法表达我对他们的感激和深情！